Luis Hu Rivas

Doutrina Espírita para principiantes

3ª Edição

Dados Internacionais de Catalogação na Publicação (CIP)
(Câmara Brasileira do Livro, SP, Brasil)

Hu Rivas, Luis
    Doutrina espírita para principiantes / Luis Hu Rivas. -- 3. ed. -- Catanduva, SP : Instituto Beneficente Boa Nova, 2017.

    ISBN: 978-85-8353-069-5

    1. Doutrina espírita 2. Espiritismo 3. Espiritismo - Filosofia 4. Espíritos I. Título.

17-01650   CDD-133.901

Índices para catálogo sistemático:

1. Espiritismo : Doutrina espírita   133.901

Equipe Boa Nova

Diretor Presidente:
Francisco do Espirito Santo Neto

Diretor Editorial e Comercial:
Ronaldo A. Sperdutti

Diretor Executivo e Doutrinário:
Cleber Galhardi

Editora Assistente:
Juliana Mollinari

Produção Editorial:
Ana Maria Rael Gambarini

Capa e Diagramação
Luis Hu Rivas

Coordenadora de Vendas
Sueli Fuciji

Revisão
Alessandra Miranda de Sá

2017
Direitos de publicação desta edição no Brasil
reservados para Instituto Beneficente Boa Nova
entidade coligada à Sociedade Espírita Boa Nova
Av. Porto Ferreira, 1031 | Parque Iracema
Catanduva/SP | 15809-020 | Tel. (17) 3531.4444

www.boanova.net

O produto da venda desta obra é destinado
à manutenção das atividades
assistenciais da Sociedade Espírita Boa Nova,
de Catanduva, SP.

1ª Edição: Fevereiro de 2017 - 10.000 exemplares

Agradeço aos amigos
espirituais que incentivaram
e acompanharam a
elaboração deste trabalho;
em especial aos Espíritos
Antônio Carlos e Ana
Celeste, que me estimularam
durante diversas noites a
prosseguir e perseverar sem
cair no desânimo.

Prólogo

A obra *Doutrina Espírita para Principiantes*, de autoria do confrade Luis Hu Rivas, resgata através do Conselho Espírita Internacional, um método didático, renovador e progressista.

O autor demonstra, com êxito e rara competência, aquilo que os Espíritos falaram a Allan Kardec, em Prolegômenos, em *O Livro dos Espíritos*: "A satisfação que terás, vendo a Doutrina propagar-se e bem compreendida, será para ti uma recompensa, cujo valor total conhecerás, talvez, mais no futuro do que no presente".

A História, ensina Cícero, "é testemunha do passado, luz da verdade, vida da memória, mestra da vida e anunciadora dos tempos antigos". Cervantes, certa vez, qualificou-a como "a mãe da verdade, êmula do tempo, depositária das ações, testemunha do passado, exemplo e anúncio do presente, advertência para o futuro".

O livro, que constitui leitura obrigatória para todos que militam no movimento espírita, em especial os dirigentes de centros espíritas, compõe-se de partes bem ilustrativas e de fácil compreensão, numa linguagem comovente, ao alcance de todos os estudiosos e pesquisadores.

Escrito com leveza, com senso e objetividade, o conteúdo aguça-nos a leitura e estimula a ampliar o conhecimento. Aliando e imprimindo suas qualidades e horas na Causa Espírita, Luis Hu Rivas nos presenteia com uma obra preciosa de cabeceira, primeira e única.

Clemildo Barbosa

Por que conhecer o Espiritismo?

Allan Kardec
(1804-1869)
Codificador do Espiritismo.

A maioria das pessoas, vivendo a vida atribulada de hoje, não está interessada nos problemas fundamentais da existência. Antes se preocupar com seus negócios, com seus prazeres, com seus problemas materiais. Acham que questões como "a existência de Deus" e "a imortalidade da alma" são da competência de sacerdotes, de ministros religiosos, de filósofos e teólogos. Quando tudo vai bem em suas vidas, estas pessoas nem se lembram de Deus e, quando lembram, é apenas para fazer uma oração, ir à igreja, como se tais atitudes fossem simples obrigações das quais todos têm que se desincumbir de uma maneira ou de outra. A religião para essas pessoas é mera formalidade social, alguma coisa que as pessoas devem ter, e nada mais; no máximo, será um desencargo de consciência, para estar bem com o Criador. Tanto assim, que muitos nem sequer alimentam firme convicção daquilo que professam, carregando sérias dúvidas a respeito de Deus e da continuidade da vida após a morte.

Quando, porém, tais pessoas são surpreendidas por um grande problema, uma queda financeira desastrosa, a perda de um ente querido, uma doença incurável – fatos que acontecem na vida de todo mundo – não encontram em si mesmas a fé necessária nem a compreensão para enfrentar o problema com coragem e resignação, caindo, invariavelmente, no desespero.

Frente a situações como essas, o conhecimento espírita abre-nos uma visão ampla e racional da vida, explicando-a de maneira convincente e permitindo-nos iniciar uma transformação interior, aproximando-nos de Deus. ■

A cepa é o emblema do trabalho do Criador; aí se acham reunidos todos os princípios materiais que melhor podem representar o corpo e o espírito.

Apresentação

"As instruções dadas pelos Espíritos de categoria elevada sobre todos os assuntos que interessam à humanidade, as respostas que eles deram às questões que lhes foram propostas, foram recolhidas e coordenadas com cuidado, constituindo toda uma ciência, toda uma doutrina moral e filosófica, sob o nome de Espiritismo.
O Espiritismo é, pois, a doutrina fundada na existência, nas manifestações e no ensinamento dos Espíritos. Esta doutrina acha-se exposta de modo completo em *O Livro dos Espíritos*, quanto à sua parte filosófica; em *O Livro dos Médiuns*, quanto à parte prática e experimental; e em *O Evangelho segundo o Espiritismo*, quanto à parte moral."[1]

Allan Kardec

Cientes das inumeráveis inquietudes e necessidades que enfrentam os seres humanos, sobretudo na atualidade, devido à vida acelerada que levamos, decidimos elaborar o seguinte material didático, com o uso de recursos visuais e ilustrativos, para mostrar de forma simples e direta as noções básicas do Espiritismo.

Trata-se de um trabalho que espera oferecer às pessoas que estejam interessadas na Doutrina Espírita uma oportunidade de entrar em contato com os seus princípios, podendo também servir aos companheiros espíritas dispostos a reler os ensinamentos básicos de forma mais ilustrativa, apoiando-se no uso de mais de 300 elementos gráficos, fotos, gravuras, tabelas, quadros e desenhos diversos para fixar alguns conceitos por associação.

Os oito capítulos que compõem esta obra foram preparados de modo sequencial, em similitude com *O Livro dos Espíritos*. Como sugestão, incluímos no fim seis anexos e textos de apoio ao Centro e ao Movimento Espírita, para que o leitor tenha um panorama real sobre a formação de uma Instituição Espírita e o seu papel na sociedade.

Com esta publicação não se pretende substituir o Estudo Sistematizado da Doutrina Espírita – ESDE. Seu objetivo é dar uma visão sucinta e geral do Espiritismo, permitindo aos que desejam conhecê-lo a fundo realizar um estudo pausado, metódico e contínuo.

Auguramos ao leitor amigo uma boa leitura e que receba a paz proporcionada pela Doutrina que ilumina consciências e consola corações.

Luis Hu Rivas

Sumário

Capítulo 1
10 A Doutrina Espírita
Antecedentes
Os Fenômenos de Hydesville
As Mesas Girantes
Allan Kardec
Os Continuadores
Atividades
Mensagem Espiritual

Capítulo 2
24 A Codificação
Obras Básicas
De que trata o Espiritismo?
O que é o Espiritismo?
Princípios Fundamentais
A Revelação Espírita
O Consolador Prometido
Atividades
Mensagem Espiritual

Capítulo 3
36 Deus
Ideia de Deus
O Que é Deus?
Deus e as Provas da sua Existência
Atributos da Divindade
Elementos Gerais do Universo
Criação
Princípio Vital
Princípio Espiritual
Atividades
Mensagem Espiritual

Capítulo 4
50 Imortalidade da Alma
Os Espíritos
A Alma
Escala Espírita
Progressão dos Espíritos
Perispírito
Propriedades e Funções
Depois da Morte
Perturbação e Percepções
Atividades
Mensagem Espiritual

120 Anexo 1
Conheça o Espiritismo

122 Anexo 2
Evangelho no Lar

124 Anexo 3
Credo Espírita

128 Anexo 4
Projeto 1868

130 Anexo 5
Conhecimento de si mesmo

132 Anexo 6
Estudo Sistematizado da Doutrina Espírita

5

Capítulo 5
Reencarnação 62
Pluralidade de Existências
Justiça Divina
Antecedentes
No Evangelho
Evolução
Aspectos Gerais
Vidas Passadas
Exortação
Atividades
Mensagem Espiritual

6

Capítulo 6
Leis Morais e Aspectos Diversos 76
O Dormir e os Sonhos
Visitas Espirituais
A Lei Divina ou Natural
As Leis Morais
Mundos Habitados
A Terra
Atividades
Mensagem Espiritual

7

Capítulo 7
Mediunidade 90
Influência Espiritual
Anjo da Guarda
A Mediunidade
Os Médiuns
Classes de Médiuns
A Proibição de Moisés
Consequências
Atividades
Mensagem Espiritual

8

Capítulo 8
Obsessão e Passe 104
Noções Elementares
O que é a Obsessão?
Causas da Obsessão
O que é o Passe?
Tipos de Passe
Procedimentos
Água Fluidificada
Atividades
Mensagem Espiritual

134 Centro Espírita
O que é o Centro Espírita?
O Dirigente Espírita
O que é ser Espírita?

140 Movimento Espírita
Trabalho Federativo
Conselho Espírita Internacional
Campanhas Espíritas

146 Vocabulário, Livros e Autores Espirituais

CAPÍTULO 1

A DOUTRINA ESPÍRITA

Antecedentes
Os Fenômenos de Hydesville
As Mesas Girantes
Allan Kardec
Os Continuadores

CAPÍTULO 1

Antecedentes

Os fatos atinentes às revelações dos Espíritos ou fenômenos mediúnicos remontam à mais recuada Antiguidade, sendo tão velhos quanto o nosso mundo; e sempre ocorreram em todos os tempos e entre todos os povos.

A História, a este propósito, está pontilhada desses fenômenos de intercomunicação espiritual.

O homem primitivo mantinha contato com o mundo invisível; colocava o crânio do defunto fora da caverna na direção do leste, pensando que desse modo a alma do falecido não voltaria. Na Antiguidade, na Índia, na China e no Egito, recebiam-se mensagens do outro lado da vida através de sacerdotes, hierofantes e pitonisas.

Sócrates, desde a infância, era inspirado por *daemon*, seu Espírito guia.

Os historiadores confirmaram que a imortalidade da alma e a comunicação espiritual estavam presentes nas culturas antigas como faculdade natural, sexto sentido ou faculdade psi.

O "Novo Testamento" mostra uma ampla gama desses fenômenos, chamando a mediunidade como carisma ou dom, e os médiuns como "profetas".

O livro "Atos dos Apóstolos" oferece um amplo conteúdo de fenomenologia paranormal, praticada pelos seguidores de Jesus.

Na Idade Média, destaca-se a figura admirável de Joana d'Arc, grande médium, recusando sempre renegar "as vozes do céu". [2]

Nesta época moderna vamos ver a fase inicial do Espiritismo, da qual encontraremos alguns notáveis antecessores, como o famoso vidente sueco, Emmanuel Swedenborg, engenheiro de minas, insigne teólogo de valioso patrimônio cultural e dotado de largo potencial de forças psíquicas.

Saul e Samuel
Com a ajuda da pitonisa de Endor, o rei Saul, o primeiro rei de Israel, comunicou-se com o profeta Samuel (Espírito), e este desvelou-lhe o seu futuro e o das suas tropas ao enfrentar os filisteus. (1 Samuel, cap. 28, v. 5 ao 29)[3]

Teresa de Ávila
(1515-1582)
Conhecida como "a maior mística da Igreja", mostrou diversos fenômenos, como o êxtase, um sonambulismo mais depurado, que foi representado pelo artista Lorenzo Bernini.

Emmanuel Swedenborg

Um dos mais extraordinários filhos da Suécia. Contribuiu notavelmente para a ciência e a filosofia do seu país e da Europa do século XVIII.
Na infância tiveram início as suas visões, numa continuidade que se prolonga até sua morte, mas as suas forças latentes eclodiram com mais intensidade a partir de abril de 1744, em Londres.
Desde então, afirma Swedenborg: "O Senhor abria os olhos de meu Espírito para ver, perfeitamente desperto, o que se passava no outro mundo e para conversar em plena consciência com os anjos e Espíritos".
Informa-nos Immanuel Kant, na obra *Sonhos de um Vidente*, que, em 1756, Swedenborg encontrava-se com uns amigos em Gothenborg, a 400 quilômetros de Estocolmo; às 18h, o vidente anunciou que tinha se iniciado um incêndio que avançava em direção à sua própria casa. Às 20h, demonstrou grande perturbação pelos danos produzidos. Mas num dado momento acalmou-se e exclamou com alegria que o incêndio tinha cessado três portas antes da sua!
Dois dias depois, confirmou-se a notícia chegada de Estocolmo.

Joana d'Arc
(1412-1430)
Desde os 12 anos ela escutava as vozes do mundo espiritual. Defendeu o território francês durante a "Guerra dos Cem Anos" contra os ingleses.
Foi condenada à fogueira com 19 anos, num processo religioso que a considerava feiticeira. Em 1920 foi canonizada pelo Papa Bento XV.

Em 1775, Mesmer reconhece o poder da cura mediante a aplicação das mãos, ou seja, através da fluidoterapia. Acredita que por nossos corpos transitem fluidos curadores, preparando o caminho para o hipnotismo do Marquês de Puységur.

Andrew Jackson Davis, sensitivo, clarividente e vidente norteamericano, predisse o surgimento do Espiritismo no livro *Princípios da Natureza*. Ele começou a preparar o terreno, antes que se iniciasse a Revelação.

Franz Antón Mesmer
(1734- 1815)
O famoso austríaco, que abriu um espaço na área da saúde humana realizou experiências com o magnetismo e curas com as mãos, ou "fluidoterapia", inclusive curando Maria Antonieta, que sofria de terríveis dores de cabeça. Os doutores da Salpetriere pediram a Luis XVI que se eliminassem os trabalhos de Mesmer e que ele retornasse a Viena, onde mais tarde morreria no anonimato.

Andrew Jackson Davis
(1826 -1910)
Sensitivo, considerado por Arthur Conan Doyle como "o profeta da Nova Revelação". Na tarde de 6 de março de 1884, Davis foi tomado por uma força que o fez voar, em Espírito, da pequena cidade onde residia e fazer uma viagem até as Montanhas Catskill, a cerca de 40 milhas de casa. Swedenborg foi um dos mentores espirituais.

Sir Arthur Conan Doyle
(1859-1930)
Célebre pelo seu personagem de ficção "Sherlock Holmes", manifestou que os fenômenos espíritas tinham sido até o momento esporádicos, mas dali em diante representariam uma sequência metódica. No seu livro *História do Espiritismo* asseverou: "Possuem a característica de uma invasão organizada". [4]

CAPÍTULO 1

Os fenômenos de Hydesville

Casa da família Fox em Hydesville.

O ano de 1848 constitui o ponto de partida do Espiritismo.

Nos Estados Unidos da América do Norte, na aldeia de Hydesville, condado de Wayne, Estado de Nova York, começou a produzir-se uma série de fenômenos que chamaram atenção da sociedade da época.

Foi a 31 de março de 1848, às 22 horas, que esses ruídos insólitos surgiram de maneira mais ostensiva. A noite foi terrível: das paredes vinham pancadas ou ruídos (*rappings* ou *noises*) que pareciam provir de uma inteligência oculta que desejava comunicar-se.

As irmãs Katherine e Margareth Fox, duas meninas de 11 e 14 anos, foram dormir no quarto de seus pais, mas os ruídos aumentaram; a irmã mais nova começou a bater palmas e da parede ouviu-se o mesmo número de batidas. A menina fazia perguntas, e a parede respondia com um golpe para dizer "SIM" e com dois golpes para dizer "NÃO". Descobriu-se que as revelações ruidosas partiam do Espírito de um mascate, de nome Charles Rosma, que fora assassinado e sepultado no porão da casa, pelos antigos proprietários, e que só agora podia comunicar-se com a família dos Fox, adeptos da igreja Metodista.

Os acontecimentos comoveram a população da vila, aparecendo depois as primeiras demonstrações públicas no salão maior de Rochester, o Corinthian Hall, o que resultou na formação do primeiro núcleo de estudos.

Um dos frequentadores, o Sr. Isaac Post, implementou um sistema de comunicação através de um alfabeto para formação de palavras mediante convenção de que cada letra corresponderia a determinado número de pancadas.

Foi somente em 1904 que uns meninos encontraram, no porão da casa, cabelos e ossos do antigo mascate Charles Rosma, constatando o fato. Esses restos, foram levados ao Museu de Lili Dale, nos Estados Unidos, onde atualmente se encontram.

As irmãs Fox
Litografia de 1850 de Margareth, Katherine e Leah Fox.

Ilustração da primeira comunicação obtida em Hydesville, quando Kathe Fox recebe resposta a seus sinais, preparando o terreno para o início do Espiritismo.

As mesas girantes

Em 1850, os fenômenos se trasladaram para a Europa e surgiram as chamadas *tables parlantes* ou mesas girantes. Tratava-se de uma mesa redonda com uma base de três pernas, ao lado da qual sentavam-se as pessoas, colocando as suas mãos sobre a superfície da mesa, a qual se movimentava, girava ou se mantinha sobre duas pernas para responder às perguntas. Por intermédio de um código alfabético semelhante ao usado pelas irmãs Fox, era possível conversar com o "invisível".

A sociedade francesa se divertia ao fazer perguntas à mesa. Essas sessões se converteram numa espécie de febre em Paris.

A senhora Girardin desenvolveu uma sofisticada mesa, que tinha o alfabeto desenhado na sua parte superior. Um ponteiro metálico formava parte também do engenhoso instrumento. Conforme girava, ela anotava as letras escolhidas pelas forças invisíveis para fazer seus ditados.

A comunicação evoluiu, passando-se a utilizar uma cestinha, na qual se introduzia uma caneta e, sobre ela, os participantes colocavam as mãos.

Logo surgiu a escrita automática, em que se colocava a caneta apoiada na mão do médium para receber as mensagens.

Diversos tipos de objetos foram utilizados para a comunicação mecânica com os Espíritos. Tal é o caso das tabelinhas e cestas usadas inicialmente na obtenção da psicografia.

Grace Rosher
Médium britânica dotada para a "escritura automática" chegou a reproduzir com exatidão a caligrafia do Espírito comunicante.

As mesas "girantes" ou "dançantes" sempre representaram o ponto de partida da Doutrina Espírita. Paris inteira assistia, atônita e estarrecida, a esse turbilhão fantástico de fenômenos imprevistos que, para a maioria, só alucinadas imaginações poderiam criar, mas que a realidade impunha aos mais céticos e frívolos.

CAPÍTULO 1

Allan Kardec

Allan Kardec
(1804 - 1869)

Hippolyte-Léon Denizard Rivail nasceu em 3 de outubro de 1804, na cidade de Lyon, França; e chegou a ser célebre com o pseudônimo de Allan Kardec. Em Lyon fez os seus primeiros estudos, seguindo depois para Yverdun, na Suíça, a fim de estudar no Instituto do célebre professor Johann Heinrich Pestalozzi, que era a escola modelo da Europa.

Concluídos os seus estudos em Yverdun, regressou a Paris, onde se tornou conceituado Mestre, não só em letras como em ciências. Conhecia algumas línguas como o italiano, alemão, etc.

Encontrando-se no mundo literário de Paris com a professora Amélie-Gabrielle Boudet, contrai com ela matrimônio. Rivail publica numerosos livros didáticos. Entre as obras publicadas, destacam-se: *Curso Teórico e Prático de Aritmética*, *Gramática Francesa Clássica*, além de programas de cursos ordinários de Física, Química, Astronomia e Fisiologia. [3]

Ao término desta longa atividade e experiência pedagógica, o professor Hippolyte estava preparado para outra tarefa: a codificação do Espiritismo.

Começa então a missão de Allan Kardec, quando em 1854 ouviu falar pela primeira vez das mesas girantes, através do amigo senhor Fortier, que o convida para assistir a uma reunião de mesas falantes.

Pensando em descobrir novos fenômenos ligados ao magnetismo, pelo qual se interessava, aceita o convite. Depois de algumas sessões, começou a questionar-se para achar uma resposta lógica que pudesse explicar o fato de objetos inertes emitirem mensagens inteligentes. Rivail perguntava-se: "Como pode uma mesa pensar sem ter cérebro e sentir sem ter nervos?" Mais tarde chegaria à conclusão de que não era a mesa quem respondia, e sim as almas dos homens que já tinham vivido na Terra e que agora se valiam delas para se comunicarem. ■

Yverdun, Suíça.
O Instituto do célebre **Johann Heinrich Pestalozzi** (1746-1827), conhecido como "o educador da Humanidade", foi um dos mais famosos e respeitados em toda a Europa, conceituado como escola-modelo, por onde passaram sábios e escritores do Velho Continente.

A Missão

O Codificador intrigava-se dia após dia. Em 30 de abril de 1856, uma mensagem foi destinada especificamente para ele. Um Espírito chamado Verdade revelou-lhe a missão a desenvolver. Daria vida a uma nova doutrina, que viria para dar luz aos homens, esclarecer consciências, renovando e transformando o mundo inteiro.

Kardec afirmou que não se considerava um homem digno para uma tarefa de tal magnitude; não obstante, faria todo o possível para desempenhar as obrigações que lhe tinham sido encomendadas. No que tange ao método, Kardec adota o intuitivo-racionalista Pestallozziano: teoria, teoria-prática e prática na aprendizagem.

Em 18 de abril de 1857 publica *O Livro dos Espíritos*: 501 perguntas realizadas através de diferentes médiuns aos Espíritos superiores. Por sugestão dos próprios Espíritos, assina com o pseudônimo de Allan Kardec, nome que tinha numa existência anterior, quando foi sacerdote druida.

No ano 1858 edita a *Revista Espírita*, e em 1º de abril funda a primeira Sociedade Espírita – Société Parisienne des Études Spirites. Sucessivamente publica *O Livro dos Médiuns*, *O Evangelho segundo o Espiritismo*, *O Céu e o Inferno* e *A Gênese*.

Trabalhador infatigável, chamado por Camille Flammarion "o bom senso encarnado"[8], Allan Kardec, desencarnou em 31 de março de 1869.

Cumprida estava a missão do expoente máximo do Espiritismo; a coordenação e codificação da Terceira Revelação. ■

Ilustração da época com a cúpula de vidro da Galerie d'Orléans, do Palais Royal em Paris, França, local de lançamento de *O Livro dos Espíritos*.

Hippolyte-Léon Denizard Rivail chegou a ser célebre com o pseudônimo de Allan Kardec.

Residência de Allan Kardec, na Rue e Passage Sainte-Anne, n.º 59, em Paris, onde concentrava as suas atividades espíritas.

Amélie-Gabrielle Boudet
(1795-1883)
Conhecida mais tarde como "Madame Allan Kardec", a professora Amélie colaborou com seu esposo nas suas atividades didáticas, além de ser uma dedicada companheira que o apoiou em todos os momentos.

Dólmen de Allan Kardec com arquitetura de estilo celta encontra-se no Père-Lachaise, o cemitério mais importante de Paris e um dos mais visitados do mundo. Em 31 de março de 1870, foi inaugurado o dólmen de Kardec, que se converteu em ponto de atração para os turistas que visitam a necrópole.

DE

17

CAPÍTULO 1

Os Continuadores

Inumeráveis pesquisadores somaram-se à causa espírita, assim como notáveis médiuns, entre eles: Daniel Dunglas Home (levitação); Eusápia Palladino (materializações), estudada por César Lombroso, o grande criminalista italiano; Florence Cook, estudada até a saciedade e levada ao laboratório por Sir William Crookes, que chegou a comprovar a realidade dos fenômenos de materialização de Katie King (Espírito).

Outros estudiosos, como Léon Denis, Gabriel Delanne, Camille Flammarion, Alexandre Aksakof, Gustave Geley, Sir William Barret, Sir Oliver Lodge, Ernesto Bozzano, Albert de Rochas e o destacado Prêmio Nobel de Fisiologia Charles Richet, deram continuidade às investigações.

Léon Denis
(1846-1927)
Considerado como um dos principais seguidores de Allan Kardec e difusor da Doutrina Espírita. Escreveu diversos livros: *Cristianismo e Espiritismo*; *Depois da Morte*; *O Problema do Ser, do Destino e da Dor*, entre outros.
Sua mensagem amplamente expressa era: "Sempre adiante; sempre mais longe; sempre mais alto".

Camille Flammarion
(1842-1925)
Famoso astrônomo francês, soma-se às fileiras espíritas, sendo também amigo de Allan Kardec, a quem designou "o bom senso encarnado".

Amalia Domingo Soler (1835-1909)
Conhecida como a "Grande Dama do Espiritismo", Amalia é considerada uma das maiores médiuns e escritoras espíritas da Espanha. Fomentou o primeiro Congresso Espírita Internacional em 1888 e promoveu os movimentos espíritas nascentes em vários países da América Latina. Escreveu diversos livros, entre eles *Memórias do Padre Germano*; *Ramos de Violeta*; *Perdoo-te!* e *A Luz da Verdade*.

Gabriel Delanne
(1857-1926),
Junto com Léon Denis, foi o discípulo mais próximo de Kardec. Fundou a *Revista Científica e Moral do Espiritismo*. Escreveu também diversos livros, entre eles, *O Espiritismo perante a Ciência*, *O Fenômeno Espírita* e *A Evolução Anímica*.

Sir William Crookes
(1832-1919)
Sábio eminente, que aportou novos conhecimentos de Física, foi considerado como a maior autoridade da Ciência na Inglaterra em 1878, tendo estudado a médium Florence Cook e o Espírito Katie King, a quem pesou, mediu, tomou a temperatura e o pulso, examinou as vestes, unhas e corpo, tomando-lhe 18 fotografias. Com experiências repetidas em laboratório concluiu, em 31 de maio de 1875, e escreveu à Sociedade Dialética de Londres: "Os senhores me solicitaram observar se os fenômenos eram possíveis, mas eu lhes direi que não só são possíveis como são reais". Foi condecorado pela rainha Vitória com o título de "Sir".

Pierre-Gaetan Leymarie
Pioneiro espírita, continuador da *Revue Spirite* e editor de *Obras Póstumas*.

Charles Richet (1850-1935)
Prêmio Nobel de Fisiologia em 1913, descobridor da soroterapia e pai da Metapsíquica, teve um papel fundamental ao desvendar os fenômenos anímicos.

Daniel Dunglas Home
(1833-1886)
O maior médium de efeitos físicos. Em 1868, Home, ao estar num dos quartos do terceiro andar do hotel Ashley House, diante de várias pessoas, levitou saindo por uma janela e entrando por outra. Foi estudado por Sir William Crookes e por Allan Kardec.

César Lombroso
(1835-1909)
Cientista mundialmente conhecido pelos seus trabalhos no campo jurídico. Lombroso foi um dos maiores médicos criminalistas do século XIX. Tornou-se espírita depois de realizar experiências mediúnicas com Eusápia Palladino, quando numa sessão participou da materialização do Espírito de sua própria mãe. Escreveu o livro *Hipnotismo e Mediunidade*.

Eusápia Palladino
(1854-1918)
Estudada por Lombroso, Richet e diversos pesquisadores, a famosa médium italiana produzia golpes e levantava objetos diversos, como sinos que soavam estrondosamente.

CAPÍTULO 1

No Brasil, pelo ano de 1865, começam a aparecer os primeiros centros espíritas. Em 1869 é publicado o primeiro jornal espírita, *Eco de Além-túmulo*, por Luís Olimpio Teles de Menezes. Surge a figura do Dr. Adolfo Bezerra de Menezes, que dará um grande impulso à difusão espírita brasileira.

Posteriormente nascem no Brasil vários médiuns, como Francisco Peixoto Lins, conhecido pelas materializações luminosas, em que os Espíritos aparecem corporizados, irradiando luz; Eurípedes Barsanulfo; Yvonne Amaral Pereira; Divaldo Pereira Franco e Francisco Cândido Xavier: Chico Xavier.

Francisco Cândido Xavier
(1910-2002)
Com mais de 400 livros psicografados, o brasileiro Chico Xavier é considerado o maior médium psicógrafo de todos os tempos. Em 1981, obteve cerca de 10 milhões de assinaturas para receber o Prêmio Nobel da Paz.
Humildade e caridade são palavras que designam perfeitamente este grande missionário da luz.

Cosme Mariño
(1847-1927)
Jornalista argentino, fundador da Confederação Espiritista Argentina – CEA, dedicou a sua vida à difusão do Espiritismo na Argentina.

Adolfo Bezerra de Menezes
(1831-1900)
Respeitado político brasileiro, foi conhecido como "o médico dos pobres", tendo ocupado a presidência da Federação Espírita Brasileira nos anos 1889 e 1895-1900.
Trabalhou pela unificação do Movimento Espírita no Brasil, sendo considerado como "o Apóstolo do Espiritismo Brasileiro".

Divaldo Pereira Franco
(1927-)
Médium psicógrafo e psicofônico, já publicou mais de 200 livros de temática diversa, sob a orientação de Joânna de Ângelis, sua mentora espiritual. Com 11 mil conferências proferidas em todo o mundo, Divaldo é considerado o maior orador espírita na atualidade.

Friedrich Jurgenson
Em 1959, o cineasta sueco gravou o canto de pássaros numa ilha; ao verificar a fita detectou que havia "vozes estranhas", chamando-as "vozes paranormais". Jurgenson chegou a ter milhares de mensagens do mundo espiritual gravadas, sendo considerado um dos pioneiros da Transcomunicação Instrumental – TCI. Em 1969 foi condecorado pelo Papa Paulo VI, com a ordem de San Gregorio o Grande por este trabalho.

No ano de 1932, na Universidade de Duke, Carolina do Norte (EUA), foi criada a primeira faculdade de Parapsicologia, dirigida pelo casal Rhine, junto ao professor Zenner Karl Zener, iniciando uma nova ordem de experimentos, os chamados PSI ou extrassensoriais.

A Parapsicologia sucedeu a Psychical Research (Inglaterra) e a Metapsíquica (França).

Em 1970, iniciam-se os primeiros estudos de Psicobiofísica, ciência que estuda os fenômenos PSI, que interferem no corpo em nível emocional e mental.

Finalmente surge a Psicotrônica, que estuda a paranormalidade registrada através de aparelhos eletrônicos, iniciada com os experimentos de gravadores, por Friedrich Jurgenson e pelo professor Konstantin Raudive. Mais tarde aparecerá a Transcomunicação Instrumental – TCI (ainda na etapa experimental), permitindo contatos via telefone, televisão e computador, criando-se aparelhos como o Spiricom e o Vidicom com os quais captam-se mensagens e imagens do Além, confirmando o que tinha sido comunicado pelos Espíritos superiores a Kardec.

Joseph Banks Rhine
O "pai da parapsicologia moderna", levou em 1934 esta ciência à Universidade Duke, na Carolina do Norte (EUA), onde criou um laboratório para as experiências usando o método científico.

Dr. Raymond Moody Jr.
O famoso psiquiatra norte-americano, autor do *best-seller Life after Life* ("Vida depois da Vida"), e a Dra. Elizabeth Kubler-Ross são pesquisadores das experiências de quase morte.

Vidicom
Aparelho de televisão que permite capturar imagens do outro lado da vida. Nas fotos aparecem Konstantin Raudive (superior) e Friedrich Jurgenson (inferior). Ao lado esquerdo quando estavam encarnados e ao lado direito suas imagens depois de desencarnados.

Konstantin Raudive
(1906-1974)
Filósofo e psicólogo nascido em Letônia, foi pioneiro da TCI na Europa. A partir de 1964 dedicou-se à investigação das "vozes", deixando arquivadas 72 mil mensagens gravadas.

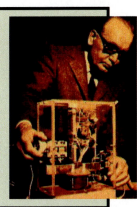

21

CAPÍTULO 1

Atividades

1. Complete as frases:
a) Os fatos atinentes às revelações dos Espíritos ou ………………………………………… remontam à mais recuada antiguidade.

b) Em 1850, os fenômenos se trasladaram para a Europa e surgiram as chamadas ………………………………

c) A missão de Allan Kardec começa no ano …………………………………………………………………………

d) No Brasil, em 1865 começam a aparecer os ……………………………………………………………………

e) Em 1.º de abril de 1858, Allan Kardec fundou …………………………………………………………………

---

2. Relacione:
a) Léon Denis ………… Sábio vidente sueco.
b) Emmanuel Swedenborg ………… Famoso médium de efeitos físicos.
c) Johann H. Pestalozzi ………… Autor do livro *Cristianismo e Espiritismo*.
d) Daniel D. Home ………… Professor de Allan Kardec na Suíça.
e) Sir William Crookes ………… Pesquisador do Espírito Katie King.

---

3. Responda:
a) Qual foi a missão de Allan Kardec?

…………………………………………………………

b) O que foi predito por Andrew Jackson Davis?

…………………………………………………………

c) Qual foi o fenômeno que ocorreu em 31 de março de 1848?

…………………………………………………………

d) Que livro publicou Kardec em 18 de abril de 1857?

…………………………………………………………

e) Qual foi a médium pesquisada por William Crookes?

…………………………………………………………

4. Verdadeiro ou Falso.

a) ….. Allan Kardec nasceu em 3 de outubro de 1804.

b) ….. Camille Flammarion designou Kardec como "o bom senso encarnado".

c) ….. Charles Richet foi o descobridor do magnetismo curador.

d) ….. Eusápia Palladino foi esposa de Allan Kardec.

e) ….. Chico Xavier é considerado o maior médium psicógrafo de todos os tempos.

A solução das atividades está na página 153.

Mensagem
Espiritual

Os Espíritos do Senhor, que são as virtudes dos Céus, qual imenso exército que se movimenta ao receber as ordens do seu comando, espalham-se por toda a superfície da Terra e, semelhantes a estrelas cadentes, vêm iluminar os caminhos e abrir os olhos aos cegos.

Eu vos digo, em verdade, que são chegados os tempos em que todas as coisas hão de ser restabelecidas no seu verdadeiro sentido, para dissipar as trevas, confundir os orgulhosos e glorificar os justos.

As grandes vozes do Céu ressoam como sons de trombetas, e os cânticos dos anjos se lhes associam. Nós vos convidamos, a vós homens, para o divino concerto. Tomai da lira, fazei uníssonas vossas vozes, e que, num hino sagrado, elas se estendam e repercutam de um extremo a outro do Universo.

Homens, irmãos a quem amamos, aqui estamos junto de vós. Amai-vos, também, uns aos outros e dizei do fundo do coração, fazendo as vontades do Pai, que está no Céu: Senhor! Senhor!... e podereis entrar no reino dos Céus.[9]

O ESPÍRITO DE VERDADE

Nota de Allan Kardec
A instrução acima, transmitida por via mediúnica, resume a um tempo o verdadeiro caráter do Espiritismo e a finalidade de *O Evangelho segundo o Espiritismo*.

CAPÍTULO 2

A CODIFICAÇÃO

Obras Básicas
De que trata o Espiritismo?
O que é o Espiritismo?
Princípios Fundamentais
A Revelação Espírita
O Consolador Prometido

CAPÍTULO 2

Obras Básicas

O objetivo essencial do Espiritismo é o melhoramento dos homens. [10]

O desenvolvimento da Codificação Espírita, basicamente, teve início na residência da família Baudin, no ano de 1855. A casa tinha duas jovens que eram médiuns. Tratava-se de Julie e Caroline Baudin, de 14 e 16 anos respectivamente.

Todo o trabalho da Nova Revelação era revisado várias vezes, para evitar erros ou interpretações duvidosas. As questões mais graves relativas à Doutrina eram revisadas com o auxílio de até dez médiuns.

Das perguntas elaboradas aos Espíritos nasceu *O Livro dos Espíritos*, publicado em 18 de abril de 1857. Allan Kardec, na etapa de sua vida espírita, dedicou-se intensivamente ao trabalho da expansão e divulgação da Doutrina Espírita.

Viajou 693 léguas, visitou 20 cidades e assistiu a mais de 50 reuniões doutrinárias de Espiritismo, na sua viagem pelo interior da França, no ano de 1862.

Fundou a Sociedade Parisiense de Estudos Espíritas, que se destinaria a estudar, divulgar e explicar a nova doutrina.

Em 10 de janeiro de 1858, o Codificador abraçou uma nova atividade. Inaugurou a *Revista Espírita*, de publicação mensal, cujo objetivo era informar aos adeptos do Espiritismo sobre seu crescimento e debater questões vinculadas às práticas doutrinárias; assim, teve início a imprensa espírita.

Ilustração da época da Livraria Dentu na Galerie d'Orléans do Palais Royal, Paris, França. Lugar onde foi lançado *O Livro dos Espíritos*.

O Livro dos Espíritos (original em francês) Em 18 de abril de 1857, foi publicado, e com ele veio à luz a Doutrina Espírita.

Obras Básicas da Codificação Espírita para a orientação dos seguidores do Espiritismo.

Os cinco livros básicos de Allan Kardec que constituem a Codificação Espírita, também conhecidos como Pentateuco Kardequiano, são:
– *O Livro dos Espíritos*
– *O Livro dos Médiuns*
– *O Evangelho segundo o Espiritismo*
– *O Céu e o Inferno*
– *A Gênese*

Neles, Allan Kardec reuniu os ensinamentos da Espiritualidade Superior, organizando e analisando, de forma que ficassem claros e interessantes.

1) O Livro dos Espíritos (1857)

Contém os princípios da Doutrina Espírita. Trata da imortalidade da alma, da natureza dos Espíritos e suas relações com os homens, das leis morais, da vida presente, da vida futura e do porvir da Humanidade, segundo os ensinos dados por Espíritos superiores, com o concurso de diversos médiuns, recebidos e coordenados por Allan Kardec.

Divide-se em quatro tópicos: "As causas primárias"; "Mundo espiritual ou dos Espíritos"; "As leis morais"; e "Esperanças e consolações".

Em 9 de outubro de 1861, em Barcelona, Espanha, o bispo Antônio Palau e Termens determinou que os livros de Allan Kardec fossem queimados em praça pública, por serem ofensivos e contrários à fé católica.

2) O Livro dos Médiuns (1861)

Orienta a conduta prática das pessoas que exercem a função de intermediar o mundo espiritual com o material. Mostra aos médiuns os inconvenientes da mediunidade, suas virtudes e os perigos provindos de uma faculdade descontrolada. Ensina a forma de se obter contatos proveitosos e edificantes junto à Espiritualidade. A obra demonstra ainda as consequências morais e filosóficas decorrentes das relações entre o invisível e o visível. É o maior tratado de paranormalidade já escrito.

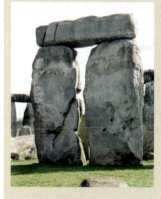

O professor Rivail, adotou o pseudônimo de Allan Kardec em referência a uma existência anterior como sacerdote druida, para diferenciar a obra espírita das produções pedagógicas anteriormente publicadas.

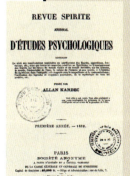

Revue Spirite
(Revista Espírita, Jornal de Estudos Psicológicos)
Publicada em janeiro de 1858, a *Revista Espírita* constituiu uma importantíssima contribuição doutrinária; nela se pôde apreciar como Kardec apresentava as ideias espíritas; o esclarecimento das dúvidas dos leitores; o estudo de outras correntes de pensamento; e a contestação dos ataques contra a doutrina.

The Spiritist Magazine
(edição em inglês)
Conta com artigos já publicados na edição original de Allan Kardec, com a introdução de alguns artigos originais da atualidade e notícias de interesse para os países de fala inglesa.

CAPÍTULO 2

Obras Póstumas
Publicado em 1890, 21 anos depois da desencarnação de Allan Kardec, o livro foi compilado pelos seus sucessores e nos oferece a biografia do Codificador, assim como comentários referentes às suas preocupações em relação à organização das sociedades espíritas e ao futuro do Espiritismo.

3) O Evangelho segundo o Espiritismo (1864)

Trata-se da parte moral e religiosa da Doutrina Espírita. Ensina a teoria e a prática do Cristianismo, através de comentários sobre as principais passagens da vida de Jesus, feitos por Allan Kardec e pelos Espíritos superiores. Mostra que as parábolas existentes no Evangelho, que aos olhos humanos parecem fantasias, na verdade exprimem o mais profundo código de conduta moral de que se tem notícia.

4) O Céu e o Inferno (1865)

Neste livro, através da evocação dos Espíritos, Allan Kardec apresenta a verdadeira face do desejado céu, do temido inferno, como também do chamado purgatório. Põe fim às penas eternas, demonstrando que tudo no Universo evolui e que as teorias sobre o sofrimento no fogo do inferno nada mais são do que uma ilusão.

Comunicações de Espíritos desencarnados, de cultura e hábitos diversos são analisadas e comentadas pelo Codificador, mostrando a situação de felicidade, arrependimento ou sofrimento dos que habitam o mundo espiritual.

5) A Gênese (1868)

Este livro é um estudo a respeito de como foi criado o mundo, como apareceram as criaturas e como é o Universo em suas faces material e espiritual. É a parte científica da Doutrina Espírita.

Explica a Criação, colocando ciência e religião face a face. A Gênese bíblica é estudada e vista como uma realidade científica, disfarçada por alegorias e lendas.

Os seis dias narrados nas Escrituras Sagradas são mostrados como o tempo que o Criador teria gasto com a formação do Universo e da Terra – eras geológicas, que seguem a ordem cronológica comprovada pela Ciência em suas pesquisas.

Os "milagres", realizados por Jesus são explicados como sendo produto da modificação dos elementos da natureza, sob a ação de sua poderosa mediunidade.

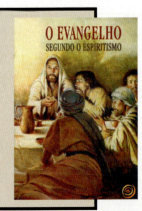

No livro *O Evangelho segundo o Espiritismo,* o Espírito de Verdade afirma: "Aproxima-se o tempo em que se cumprirão as coisas anunciadas para a transformação da Humanidade. Ditosos serão os que houverem trabalhado no campo do Senhor, com desinteresse e sem outro móvel senão a caridade! Seus dias de trabalho serão pagos pelo cêntuplo do que tiverem esperado". Ditosos os que hajam dito a seus irmãos: "Trabalhemos juntos e unamos os nossos esforços, a fim de que o Senhor, ao chegar, encontre acabada a obra", porquanto o Senhor lhes dirá: "Vinde a mim, vós que sois bons servidores, vós que soubestes impor silêncio aos vossos ciúmes e às vossas discórdias, a fim de que daí não viesse dano para a obra!". [11]

Allan Kardec manifestou em *Obras Póstumas*:
"Apliquei a essa nova ciência, como o fizera até então, o método experimental; nunca elaborei teorias preconcebidas; observava cuidadosamente, comparava, deduzia consequências; dos efeitos procurava remontar às causas, por dedução e pelo encadeamento lógico dos fatos, não admitindo por válida uma explicação, senão quando resolvia todas as dificuldades da questão." [12]

Logo expressa: "Compreendi, antes de tudo, a gravidade da exploração que ia empreender; percebi, naqueles fenômenos, a chave do problema tão obscuro e tão controvertido do passado e do futuro da Humanidade, a solução que eu procurara em toda a minha vida. Era, em suma, toda uma revolução nas ideias e nas crenças; fazia-se necessário andar com a maior circunspeção e não levianamente; ser positivista e não idealista, para não me deixar iludir." [13]

De que trata o Espiritismo?

O Espiritismo responde às questões fundamentais de nossa vida, como estas: Quem é você? Antes de nascer, o que você era? Depois da morte, o que você será? Por que você está neste mundo? Por que umas pessoas sofrem mais que outras? Por que alguns nascem ricos e outros pobres? Por que alguns nascem cegos, aleijados, débeis mentais, etc., enquanto outros nascem inteligentes e saudáveis? Por que Deus permitiria tamanha desigualdade entre seus filhos? Por que há tanta desgraça no mundo e a tristeza supera a alegria? De três pessoas que viajam num veículo, por exemplo, após pavoroso desastre, uma perde a vida, outra fica gravemente ferida e a terceira escapa sem ferimentos. Por que sortes tão diferentes? Onde está nisso a Justiça de Deus? Por que uns, que são maus, sofrem menos que outros, que são bons? Perguntas como estas a Doutrina Espírita responde, porque tais são as perguntas que todos fazemos para nós mesmos, ao contemplarmos tanta desigualdade e tantos destinos diferentes na vida atribulada de nosso planeta.

Os cartazes do Bicentenário do Nascimento de Allan Kardec utilizaram as frases que foram a bandeira do Codificador: "Trabalho, solidariedade, tolerância"; "Fora da caridade não há salvação"; "Nascer, morrer, renascer e progredir sempre, tal é a lei" e "Fé inabalável só é aquela que pode olhar a razão face a face em todas as épocas da Humanidade".

CAPÍTULO 2

O que é o Espiritismo?

Allan Kardec criou o neologismo Espiritismo, palavra que até então não existia, para designar este novo conjunto de ideias, definindo assim:

- "O Espiritismo é uma ciência que trata da natureza, origem e destino dos Espíritos, bem como de suas relações com o mundo corporal."[14]
- "O Espiritismo é, ao mesmo tempo, uma ciência de observação e uma doutrina filosófica. Como ciência prática, ele consiste nas relações que se estabelecem entre nós e os Espíritos; como filosofia, compreende todas as consequências morais que dimanam dessas mesmas relações." [15]
- "O Espiritismo é uma doutrina filosófica de efeitos religiosos, como qualquer filosofia espiritualista, pelo que forçosamente vai ter as bases fundamentais de todas as religiões: Deus, a alma e a vida futura. Mas não é uma religião constituída, visto que não tem culto, nem rituais, nem templos." [16]
- "Sem ser uma religião, o Espiritismo se prende essencialmente às ideias religiosas, desenvolve-as naqueles que não as possuem e fortifica-as nos que vacilam."

"O Espiritismo [...] instituirá a verdadeira religião, a religião natural, a que parte do coração e vai diretamente a Deus." [18]

Científico
Filosófico
Religioso

Os três aspectos do Espiritismo

Principais objetivos do Espiritismo

1. Realizar o progresso espiritual da Humanidade.
2. Transformar o homem num ser de bem e consequentemente a sociedade.
3. Reviver o Cristianismo puro sob as bases dos ensinamentos de Jesus.
4. Dar ao homem uma fé sólida baseada na razão.

O ideal do Espiritismo é, por consequência, lograr estes objetivos, independentemente dos valores econômicos, das formas exteriores ou convencionalismos restritivos; pode ser cultivado tanto pelo pobre como pelo rico, pelo jovem como pelo velho, pelo doente como pelo sadio, pois está inteiramente ligado ao mundo subjetivo de cada ser, onde se opera a transformação do Espírito eterno. Chegou à Terra para ajudar o homem a resolver seus problemas, esclarecendo-o sobre sua realidade espiritual e encaminhando-o para um conhecimento superior da vida.

Princípios Fundamentais

"O Espiritismo é, pois, a doutrina fundada na existência, nas manifestações e nos ensinamentos dos Espíritos." [19]

Os ensinamentos dos Espíritos superiores fundamentam-se em:

EXISTÊNCIA DE DEUS
Inteligência Suprema, causa primeira de todas as coisas.

IMORTALIDADE DA ALMA
Somos em essência Espíritos, seres inteligentes da Criação. O Espírito é o princípio inteligente do Universo.

REENCARNAÇÃO
Criado simples e ignorante, o Espírito decide e cria seu próprio destino usando o livre-arbítrio. Seu progresso é consequência das experiências adquiridas em diversas existências, evoluindo constantemente, tanto em inteligência como em moralidade.

PLURALIDADE DOS MUNDOS HABITADOS
Os diferentes orbes do Universo constituem as diversas moradas dos Espíritos.

COMUNICABILIDADE DOS ESPÍRITOS
Os Espíritos são os seres humanos desencarnados. Através dos médiuns podem comunicar-se com o mundo material.

MORAL ESPÍRITA
Baseada no Evangelho de Jesus, é a máxima moral para a vida.

- DEUS
- IMORTALIDADE DA ALMA
- REENCARNAÇÃO
- PLURALIDADE DOS MUNDOS HABITADOS
- COMUNICABILIDADE DOS ESPÍRITOS
- MORAL ESPÍRITA — O Evangelho de Jesus

Os fundamentos do Espiritismo estão expostos na Introdução de *O Livro dos Espíritos*, item VI, quando Kardec resume os pontos principais da Doutrina, [...] podemos desdobrar alguns itens sem causar prejuízo ao contexto. [20]

"Como moral, ele é essencialmente cristão, porque a doutrina que ensina é tão somente o desenvolvimento e a aplicação da do Cristo, a mais pura de todas, cuja superioridade não é contestada por ninguém, prova evidente de que é a lei de Deus; ora, a moral está a serviço de todo mundo." [21]

Léon Denis afirmou: "O Espiritismo será científico ou não sobreviverá". [22]

31

CAPÍTULO 2

A Revelação Espírita

1.ª Revelação
Moisés

2.ª Revelação
O Cristo

3.ª Revelação
Os Espíritos

Definamos primeiro o sentido da palavra "revelação": revelar, do latim *revelare*, cuja raiz, *velum* (véu), significa literalmente descobrir de sob o véu e, figuradamente, descobrir, dar a conhecer uma coisa. A característica essencial de qualquer revelação tem que ser a verdade. Revelar um segredo é dar a conhecer um fato; se este é falso, já não é um fato e, por consequência, não existe revelação.

O Espiritismo, partindo das próprias palavras do Cristo, como este partiu das de Moisés, é consequência direta da sua doutrina.

A ideia vaga da vida futura acrescenta a revelação da existência do mundo invisível que nos rodeia, povoa o espaço e levanta o véu que ocultava aos homens os mistérios do nascimento e da morte.

A primeira Revelação teve a sua personificação em Moisés; a segunda no Cristo; a terceira não a tem em indivíduo algum.

As duas primeiras foram individuais; a terceira, coletiva. Aí está um caráter essencial de grande importância. Ninguém, por consequência, pode inculcar-se como seu profeta exclusivo; foi espalhada simultaneamente, por sobre a Terra, a milhões de pessoas, de todas as idades e condições, a fim de servir, um dia, de ponto de ligação a todos. Chegou numa época de emancipação e maturidade intelectual, na qual o homem não aceita nada às cegas.

A revelação espírita é progressiva.

O Espiritismo não tem dito a última palavra, mas tem aberto um campo amplo para o estudo e a observação. Pela sua natureza, a revelação espírita possui duplo caráter, sendo ao mesmo tempo divina e humana. Divina porque provém da iniciativa dos Espíritos, e humana porque é fruto do trabalho do homem.

Os ensinamentos dos Espíritos, por toda parte, mostram-nos a unidade da lei. Em virtude dessa unidade, reinam na obra eterna a ordem e a harmonia. ■

"Nos últimos tempos, disse o Senhor, derramarei o meu espírito sobre toda a carne; os vossos filhos e filhas profetizarão, os mancebos terão visões e os velhos sonhos."
(Atos, cap. II, v. 17, 18).[23]

Os Prolegômenos de *O Livro dos Espíritos*, levam a assinatura de homens veneráveis como São Luís, João Evangelista, Vicente de Paulo, Fénelon, Sócrates e Platão.
(ver ilustrações da esquerda à direita).

Existe também a menção a diversos personagens importantes como Santo Agostinho, o Espírito de Verdade, Franklin e Swedenborg, entre outros.

O Consolador
Prometido

O Consolador prometido por Jesus, também designado pelo apóstolo João como o "Santo Espírito", seria enviado à Terra com a missão de consolar e lidar com a verdade. Sob o nome de Consolador e de Espírito de Verdade, Jesus anunciou a vinda daquele que haveria de ensinar todas as coisas e de lembrar o que ele dissera. A relação entre o Espiritismo e o Consolador está no fato de a Doutrina Espírita conter todas as condições do Consolador que Jesus prometeu; ou seja, o Espiritismo vem abrir os olhos e os ouvidos, pois fala sem figuras, sem alegorias, levantando o véu intencionalmente lançado sobre certos mistérios; vem, finalmente, trazer a consolação suprema aos deserdados da Terra e a todos os que sofrem. Jesus sabia que seria inoportuna uma revelação mais ampla, já que o homem da sua época não estava amadurecido, e, além disso, previa que a sua mensagem seria distorcida com o correr do tempo; por isso, prometeu um Consolador.

"Se me amais, guardai os meus mandamentos; e eu rogarei a meu Pai e ele vos enviará outro Consolador, a fim de que fique eternamente convosco: – O Espírito de Verdade, que o mundo não pode receber, porque não o vê e absolutamente não o conhece. Mas, quanto a vós, conhecê-lo-eis, porque ficará convosco e estará em vós. Porém, o Consolador, que é o Santo Espírito, que meu Pai enviará em meu nome, vos ensinará todas as coisas e vos fará recordar tudo o que vos tenho dito." (S. João, 14:15 a 17 e 26) [24]

CAPÍTULO 2

Atividades

1. Complete as frases:

a) O desenvolvimento da Codificação Espírita, basicamente, teve início ....

b) .... responde às questões fundamentais de nossa vida.

c) O Espiritismo é, ao mesmo tempo, uma .... e uma ....

d) O Espiritismo parte das próprias palavras do .... , como este partiu das de

....

e) A moral espírita está baseada no .... , como máxima moral para a vida.

2. Relacione
a) *O Livro dos Espíritos* ..... Mostra inconvenientes e virtudes da mediunidade.
b) *O Livro dos Médiuns* ..... Explica a criação e os aspectos de ciência e de religião.
c) *O Evangelho segundo o Espiritismo* ..... Mostra as fases do céu, inferno e purgatório.
d) *O Céu e o Inferno* ..... Contém os princípios básicos do Espiritismo.
e) *A Gênese* ..... Trata da parte moral e religiosa do Espiritismo.

3. Responda:

a) Por qual outro nome são conhecidas as obras básicas de Kardec?

....

b) Explique o aspecto científico do Espiritismo.

....

c) Explique o aspecto filosófico do Espiritismo.

....

d) Explique o aspecto religioso do Espiritismo.

....

e) Por que o Espiritismo é o Consolador Prometido?

....

4. Verdadeiro ou Falso.

a) ..... A primeira revelação esteve personificada em Moisés e a segunda em Jesus.

b) ..... Léon Denis afirmou: "O Espiritismo será científico ou não sobreviverá".

c) ..... Em 1868, o Codificador fundou a *Revista Espírita*.

d) ..... O Espiritismo oferece uma fé sólida baseada na razão.

e) ..... A revelação espírita é progressiva.

A solução das atividades está na página 153.

Mensagem
Espiritual

enho, como outrora aos transviados filhos de Israel, trazer-vos a verdade e dissipar as trevas. Escutai-me.

O Espiritismo, como o fez antigamente a minha palavra, tem de lembrar aos incrédulos que acima deles reina a imutável verdade: o Deus bom, o Deus grande, que faz germinarem as plantas e se levantarem as ondas.

Revelei a doutrina divinal. Como um ceifeiro, reuni em feixes o bem esparso no seio da Humanidade e disse: "Vinde a mim, todos vós que sofreis". Mas, ingratos, os homens afastaram-se do caminho reto e largo que conduz ao Reino de meu Pai e enveredaram pelas ásperas sendas da impiedade.

Meu Pai não quer aniquilar a raça humana; quer que, ajudando-vos uns aos outros, mortos e vivos, isto é, mortos segundo a carne, porquanto não existe a morte, vos socorrais mutuamente, e que se faça ouvir não mais a voz dos profetas e dos apóstolos, mas a dos que já não vivem na Terra, a clamar: Orai e crede!, pois que a morte é a ressurreição, sendo a vida a prova buscada e durante a qual as virtudes que houverdes cultivado crescerão e se desenvolverão como o cedro.

Homens fracos que compreendeis as trevas das vossas inteligências, não afasteis o facho que a clemência divina vos coloca nas mãos para vos clarear o caminho e reconduzir-vos, filhos perdidos, ao regaço de vosso Pai. Sinto-me por demais tomado de compaixão pelas vossas misérias, pela vossa fraqueza imensa, para deixar de estender mão socorredora aos infelizes transviados que, vendo o céu, caem nos abismos do erro.

Crede, amai, meditai sobre as coisas que vos são reveladas; não mistureis o joio com a boa semente, as utopias com as verdades.

Espíritas!, amai-vos, este o primeiro ensinamento; instruí-vos, este o segundo.

No Cristianismo encontram-se todas as verdades; são de origem humana os erros que nele se enraizaram.

Eis que do além-túmulo, que julgáveis o nada, vozes vos clamam: "Irmãos!, nada perece. Jesus Cristo é o vencedor do mal, sede os vencedores da impiedade".

O ESPÍRITO DE VERDADE
(Paris, 1860)

Advento do Espírito de Verdade
Do livro *O Evangelho segundo o Espiritismo*.

CAPÍTULO 3

DEUS

Ideia de Deus
O Que é Deus?
Deus e as Provas da sua
Existência
Atributos da Divindade
Elementos Gerais do
Universo
Criação
Princípio Vital
Princípio Espiritual

CAPÍTULO 3

Ideia de Deus

> "Deus é a inteligência suprema, causa primeira de todas as coisas." [26]

Desde os tempos mais remotos, o ser humano sempre sentiu no íntimo da sua alma a existência de um "ser" superior: DEUS. O homem primitivo demonstrou esse sentimento íntimo com respeito e temor às forças da Natureza, adorando o mar, a Lua, o trovão, as estrelas, etc., sentindo que tais fenômenos vibravam de forma misteriosa dentro de seu ser, com os reflexos positivos que não podia reconhecer na sua consciência.

À medida que o homem evoluiu, esse "Deus" se tornou mais real e positivo na sua consciência; mais adiante, o homem lhe atribuiu qualidades, emoções, desejos e personalidade, como se se tratasse de uma característica do homem – o Deus antropomorfo, suscetível de experimentar o ciúme, a cólera, a necessidade e a expectativa de oferendas, de rituais e sacrifícios. Progressivamente, nós o vimos começar adorando pedras, estátuas; logo depois ervas e plantas, e após animais e feras, para passar em seguida a personificá-lo em seres humanos.

Na verdade, o homem sempre procurou Deus. A ideia de Deus foi mudando de povo para povo, com os homens primitivos adorando as forças da Natureza, seguros de que existia um poder superior.

Os astecas, incas e egípcios adoravam o Sol, vendo, no astro-rei, o centro da vida; os judeus louvaram a Jeová, um deus guerreiro e vingativo que protegia uma única raça eleita; os antigos católicos eram devotos de um velhinho de barbas brancas que vivia no céu e distribuía graça a seus fiéis jogando no inferno os hereges.

Não há duvida de que a ideia de Deus evoluiu sempre conforme o progresso, o entendimento e a cultura da Humanidade. Deus não é uma ideia ou um fruto das necessidades psicológicas de uma época, e, sim, uma realidade que se mostra ou se revela mais nítida à medida que compreendemos as leis que regem a vida e que o nosso psiquismo vai percebendo, com mais precisão, a realidade espiritual. ■

Desde a Antiguidade, o homem já sentia em si a existência de Deus, adorando a Natureza à base de rituais, cerimônias e cantos rudimentares.

O Que é Deus?

A pintura no afresco do renascentista Michelangelo retrata a imagem da ideia de Deus na época.

Allan Kardec colocou logo no início de *O Livro dos Espíritos* um capítulo que trata exclusivamente de Deus. Com isso pretendeu chegar à causa inicial de tudo o que existe. Perguntou, e os Espíritos superiores definiram:

1. O que é Deus?

"Deus é a inteligência suprema, causa primeira de todas as coisas." (*)

2. O que se deve entender por infinito?

"O que não tem começo nem fim: o desconhecido; tudo o que é desconhecido é infinito."

3. Poder-se-ia dizer que Deus é o infinito?

"Definição incompleta. Pobreza da linguagem humana, insuficiente para definir o que está acima da linguagem dos homens."

Deus é infinito em suas perfeições, mas o infinito é uma abstração. Dizer que Deus é o infinito é tomar o atributo de uma coisa pela coisa mesma, é definir uma coisa que não está conhecida por uma outra que não o está mais do que a primeira.

Deus está por toda parte, porque irradia em todas as partes e pode se dizer que está mergulhado na Divindade como nós estamos na luz solar; não obstante, os Espíritos atrasados estão cercados de uma espécie de nuvem que o oculta a seus olhos e que somente se dissipa à medida que se purificam e se desmaterializam.

(*) O texto colocado entre aspas, em seguida às perguntas, é a resposta que os Espíritos deram. Utilizamos o itálico para destacar as notas e explicações aditadas pelo Codificador, quando haja possibilidade de serem confundidas com o texto da resposta.

Em realidade pouco sabemos sobre a natureza de Deus. Somente outro Deus poderia defini-lo. Chamaram-no "Varuna" os arianos, "Elim" os egípcios, "Ahuramazda" os persas, "Brahma" os indianos, "Buda" os orientais, "Jeová" os hebreus, "Zeus" os gregos, "Júpiter" os latinos, "Eidos" Sócrates, "Natureza da Natureza" Espinoza; não obstante, Deus é ainda desconhecido, "como o foi para os vedas e os sábios do Areópago de Atenas". [27]

"Deus é uma realidade ativa. Deus é nosso Pai, nosso guia, nosso condutor, nosso melhor amigo; infunde-nos ânimo, luz e vontade para atingir a perfeição." [28] Tal é o conceito que a nossa inteligência, na fase evolutiva em que se encontra, pode formar de quem Jesus chamou "meu Pai", designando-o com o atributo da máxima virtude: Deus é amor.

CAPÍTULO 3

Deus
e as Provas da sua Existência

llan Kardec perguntou aos guias da Humanidade a respeito das provas da existência de Deus e obteve as seguintes respostas:

PROVAS DA EXISTÊNCIA DE DEUS

4. Onde se pode encontrar a prova da existência de Deus?

"Num axioma que aplicais às vossas ciências. Não há efeito sem causa. Procurai a causa de tudo o que não é obra do homem e a vossa razão responderá."

Para crer-se em Deus, basta que se lance o olhar sobre as obras da Criação. O Universo existe, logo tem uma causa. Duvidar da existência de Deus é negar que todo efeito tem uma causa e acreditar que o nada pôde fazer alguma coisa.

5. Que dedução se pode tirar do sentimento instintivo, que todos os homens trazem em si, da existência de Deus?

"A de que Deus existe; pois, donde lhes viria esse sentimento, se não tivesse uma base? É ainda uma consequência do princípio — não há efeito sem causa."

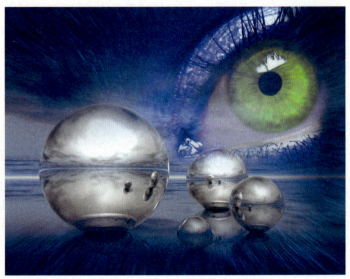

6. O sentimento íntimo que temos da existência de Deus não poderia ser fruto da educação, resultado de ideias adquiridas?

"Se assim fosse, por que existiria nos vossos selvagens esse sentimento?"

Se o sentimento da existência de um ser supremo fosse tão somente produto de um ensino, não seria universal e não existiria senão nos que houvessem podido receber esse ensino, conforme se dá com as noções científicas.

A inferioridade das faculdades do homem não lhe permite compreender a natureza íntima de Deus. Na infância da Humanidade, o homem o confunde muitas vezes com a criatura, cujas imperfeições lhe atribui; mas, à medida que nele se desenvolve o senso moral, seu pensamento penetra melhor no âmago das coisas; então, faz ideia mais justa da Divindade e, ainda que sempre incompleta, mais conforme à sã razão. [29]

7. Poder-se-ia achar nas propriedades íntimas da matéria a causa primeira da formação das coisas?

"Mas, então, qual seria a causa dessas propriedades? É indispensável sempre uma causa primeira."

Atribuir a formação primeira das coisas às propriedades íntimas da matéria seria tomar o efeito pela causa, porquanto essas propriedades são, também elas, um efeito que há de ter uma causa.

8. Que se deve pensar da opinião dos que atribuem a formação primeira a uma combinação fortuita da matéria, ou, por outra, ao acaso?

"Outro absurdo! Que homem de bom senso pode considerar o acaso um ser inteligente? E, demais, que é o acaso? Nada."

A harmonia existente no mecanismo do Universo patenteia combinações e desígnios determinados e, por isso mesmo, revela um poder inteligente. Atribuir a formação primeira ao acaso é insensatez, pois que o acaso é cego e não pode produzir os efeitos que a inteligência produz. Um acaso inteligente já não seria acaso.

9. Em que é que, na causa primeira, se revela uma inteligência suprema e superior a todas as inteligências?

"Tendes um provérbio que diz: Pela obra se reconhece o autor. Pois bem! Vede a obra e procurai o autor. O orgulho é que gera a incredulidade. O homem orgulhoso nada admite acima de si. Por isso é que ele se denomina a si mesmo de espírito forte. Pobre ser, que um sopro de Deus pode abater!"

O poder de uma inteligência se julga pelas suas obras. Não podendo nenhum ser humano criar o que a Natureza produz, a causa primeira é, conseguintemente, uma inteligência superior à Humanidade. Quaisquer que sejam os prodígios que a inteligência humana tenha operado, ela própria tem uma causa e, quanto maior for o que opere, tanto maior há de

ser a causa primeira. Aquela inteligência superior é que é a causa primeira de todas as coisas, seja qual for o nome que lhe deem.

10. Pode o homem compreender a natureza íntima de Deus?
"Não; falta-lhe para isso um sentido."

11. Será dado um dia ao homem compreender o mistério da Divindade?
"Quando não mais tiver o espírito obscurecido pela matéria. Quando, pela sua perfeição, se houver aproximado de Deus, ele o verá e compreenderá."

12. Embora não possamos compreender a natureza íntima de Deus, podemos formar ideia de algumas de suas perfeições?
"De algumas, sim. O homem as compreende melhor à proporção que se eleva acima da matéria. Ele as entrevê pelo pensamento."

CAPÍTULO 3
Atributos da Divinidade

Por não poder abranger tudo, o homem, pela sua carência perceptiva a todos os atributos divinos da absoluta perfeição, pode, no entanto, formar uma ideia de alguns, exatamente aqueles que não podem faltar a Deus. Nesses atributos, que vamos seguidamente numerar, Deus deve possuir em grau supremo essas perfeições, porquanto, se uma lhe faltasse, ou não fosse infinita, já ele não seria superior a tudo, não seria, por conseguinte, Deus.

Deus é eterno.
Se tivesse tido princípio, teria saído do nada, ou, então, também teria sido criado, por um ser anterior. É assim que, de degrau em degrau, remontamos ao infinito e à eternidade.

É imutável.
Se estivesse sujeito a mudanças, as leis que regem o Universo nenhuma estabilidade teriam.

É imaterial.
Quer isto dizer que a sua natureza difere de tudo o que chamamos matéria. De outro modo, ele não seria imutável, porque estaria sujeito às transformações da matéria.

É único.
Se muitos Deuses houvesse, não haveria unidade de vistas, nem unidade de poder na ordenação do Universo.

É onipotente.
Ele o é, porque é único. Se não dispusesse do soberano poder, algo haveria mais poderoso ou tão poderoso quanto ele, que então não teria feito todas as coisas. As que não houvesse feito seriam obra de outro Deus.

É soberanamente justo e bom.
A sabedoria providencial das leis divinas se revela nas pequeninas coisas, assim como nas maiores, e essa sabedoria não permite que se duvide nem da justiça nem da bondade de Deus.

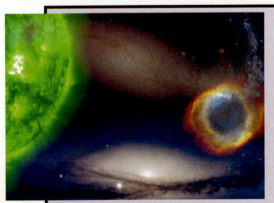

Panteísmo
A ideia de que todas as coisas são Deus não é compatível com os ensinamentos espíritas; o panteísmo faz de Deus um ser material que, embora dotado de suprema inteligência, seria em ponto grande o que somos em ponto pequeno. Ora, transformando-se a matéria incessantemente, Deus, se fosse assim, nenhuma estabilidade teria; achar-se-ia sujeito a todas as vicissitudes.
"[...] A inteligência de Deus se revela em suas obras como a de um pintor no seu quadro; mas, as obras de Deus não são o próprio Deus, como o quadro não é o pintor que o concebeu e executou." [30]

Elementos Gerais do Universo

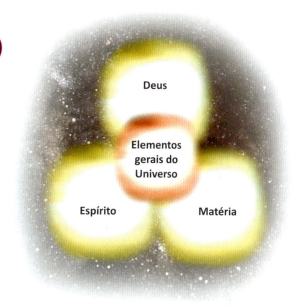

Quanto mais consegue o homem penetrar nesses mistérios, tanto maior admiração lhe devem causar o poder e a sabedoria do Criador.

Entretanto, seja por orgulho ou seja por fraqueza, sua própria inteligência o faz joguete da ilusão.

Ele amontoa sistemas sobre sistemas, e cada dia que passa lhe mostra quantos erros tomou por verdades e quantas verdades rejeitou como erros. São outras tantas decepções para o seu orgulho.

Espírito: o princípio inteligente do Universo. A inteligência é um atributo essencial do espírito. Uma e outro, porém, confundem-se num princípio comum, de sorte que, para vós, são a mesma coisa. O espírito independe da matéria, mas, a união de ambos é necessária para dar inteligência à matéria.

Matéria: variação de um elemento chamado fluido universal. A matéria é o agente, o intermediário com o auxílio do qual e sobre o qual atua o espírito. Existe em diversos estados, inclusive tão etérea e sutil que escapa inteiramente ao alcance dos nossos sentidos.

Há dois elementos gerais do Universo: a matéria e o espírito.

Acima de tudo Deus, o criador, o pai de todas as coisas. Deus, espírito e matéria constituem o princípio de tudo o que existe, a trindade universal. Mas, ao elemento material se tem que juntar o fluido universal, que desempenha o papel de intermediário entre o espírito e a matéria propriamente dita, por demais grosseira para que o espírito possa exercer ação sobre ela.

Embora, de certo ponto de vista, seja lícito classificá-lo com o elemento material, ele se distingue deste por propriedades especiais. Se o fluido universal fosse positivamente matéria, razão não haveria para que também o espírito não o fosse. Está colocado entre o espírito e a matéria; é fluido, como a matéria é matéria, e suscetível, pelas suas inumeráveis combinações com esta e sob a ação do espírito, de produzir a infinita variedade das coisas de que apenas conheceis uma parte mínima. Esse fluido universal, ou primitivo, ou elementar, sendo o agente de que o espírito se utiliza, é o princípio sem o qual a matéria estaria em perpétuo estado de divisão e nunca adquiriria as qualidades que a gravidade lhe dá. ■

---

21. A matéria existe desde toda a eternidade, como Deus, ou foi criada por ele em dado momento?

"Só Deus o sabe. Há uma coisa, todavia, que a razão vos deve indicar: é que Deus, modelo de amor e caridade, nunca esteve inativo. Por mais distante que logreis figurar o início de sua ação, podereis concebê-lo ocioso, um momento que seja?"

35. O Espaço universal é infinito ou limitado?

"Infinito. Supõe-no limitado: que haverá para lá de seus limites? Isto te confunde a razão, bem o sei; no entanto, a razão te diz que não pode ser de outro modo. O mesmo se dá com o infinito em todas as coisas. Não é na pequenina esfera em que vos achais que podereis compreendê-lo."

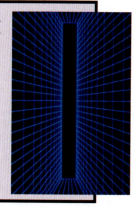

CAPÍTULO 3

Criação

"Deus renova os mundos, como renova os seres vivos." [31]

O Universo abrange a infinidade dos mundos que vemos e dos que não vemos, todos os seres animados e inanimados, todos os astros que se movem no espaço, assim como os fluidos que o enchem.

39. Poderemos conhecer o modo de formação dos mundos?

"Tudo o que a esse respeito se pode dizer e podeis compreender é que os mundos se formam pela condensação da matéria disseminada no Espaço."

FORMAÇÃO DOS SERES VIVOS

"No começo tudo era caos; os elementos estavam em confusão. Pouco a pouco cada coisa tomou o seu lugar.

Apareceram então os seres vivos apropriados ao estado do globo. A Terra lhes continha os germens, que aguardavam momento favorável para se desenvolverem. Os princípios orgânicos se congregaram, desde que cessou a atuação da força que os mantinha afastados, e formaram os germens de todos os seres vivos. Estes germens permaneceram em estado latente de inércia, como a crisálida e as sementes das plantas, até o momento propício ao surto de cada espécie.

Os seres de cada uma destas se reuniram, então, e se multiplicaram."

APARIÇÃO DO HOMEM

O homem surgiu em muitos pontos do globo e em épocas várias, o que também constitui uma das causas da diversidade das raças, pelo clima, pela vida e pelos costumes.

PLURALIDADE DOS MUNDOS

Deus povoou de seres vivos os mundos; acreditar que só os haja no planeta que habitamos é duvidar da sabedoria de Deus, que não fez coisa alguma inútil e que a esses mundos há de ele ter dado uma destinação mais séria do que a de nos recrearem a vista.

621. Onde está escrita a lei de Deus?
"Na consciência."

"As condições de existência dos seres que habitam os diferentes mundos hão de ser adequadas ao meio em que lhes cumpre viver. Se jamais houvéramos visto peixes, não compreenderíamos que pudesse haver seres que vivessem dentro da água. Assim acontece com relação aos outros mundos, que sem dúvida contêm elementos que desconhecemos." [32]

Princípio Vital

O s seres orgânicos são os que têm em si uma fonte de atividade íntima que lhes dá a vida. Nascem, crescem, reproduzem-se por si mesmos e morrem. São providos de órgãos especiais para a execução dos diferentes atos da vida, órgãos esses apropriados às necessidades que a conservação própria lhes impõe. Nessa classe estão compreendidos os homens, os animais e as plantas. Seres inorgânicos são todos os que carecem de vitalidade, de movimentos próprios, e que se formam apenas pela agregação da matéria. Tais são os minerais, a água, o ar, etc.

Classes de seres orgânicos [33]

1.º os seres inanimados, constituídos só de matéria, sem vitalidade nem inteligência: são os corpos brutos.

2.º os seres animados que não pensam, formados de matéria e dotados de vitalidade, porém, destituídos de inteligência.

68.a) Poder-se-ia comparar a morte à cessação do movimento de uma máquina desorganizada?
"Sim; se a máquina está malmontada, cessa o movimento; se o corpo está enfermo, a vida se extingue."

3.º os seres animados pensantes, formados de matéria, dotados de vitalidade e tendo a mais um princípio inteligente que lhes outorga a faculdade de pensar.

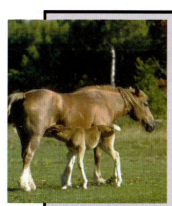

68. Qual a causa da morte dos seres orgânicos?
"Esgotamento dos órgãos."

"A quantidade de fluido vital se esgota. Pode tornar-se insuficiente para a conservação da vida, se não for renovada pela absorção e assimilação das substâncias que o contêm. O fluido vital se transmite de um indivíduo a outro. Aquele que o tiver em maior porção pode dá-lo a um que o tenha de menos e em certos casos prolongar a vida prestes a extinguir-se." [34]

CAPÍTULO 3

"A inteligência é uma faculdade especial, peculiar a algumas classes de seres orgânicos e que lhes dá, com o pensamento, a vontade de atuar, a consciência de que existem e de que constituem uma individualidade cada um, assim como os meios de estabelecerem relações com o mundo exterior e de proverem às suas necessidades." [35]

61. Há diferença entre a matéria dos corpos orgânicos e a dos inorgânicos?

"A matéria é sempre a mesma, porém nos corpos orgânicos está animalizada."

62. Qual a causa da animalização da matéria?

"Sua união com o princípio vital."

O conjunto dos órgãos constitui uma espécie de mecanismo que recebe impulsão da atividade íntima ou princípio vital que entre eles existe.

70. Que é feito da matéria e do princípio vital dos seres orgânicos, quando estes morrem?

"A matéria inerte se decompõe e vai formar novos organismos. O princípio vital volta à massa donde saiu."

Morto o ser orgânico, os elementos que o compõem sofrem novas combinações, de que resultam novos seres, os quais haurem na fonte universal o princípio da vida e da atividade, o absorvem e assimilam, para novamente o restituírem a essa fonte, quando deixarem de existir.

"O instinto é uma inteligência rudimentar, que difere da inteligência propriamente dita, em que suas manifestações são quase sempre espontâneas, ao passo que as da inteligência resultam de uma combinação e de um ato deliberado." [36]

71. A inteligência é atributo do princípio vital?

"Não, pois que as plantas vivem e não pensam: só têm vida orgânica. A inteligência e a matéria são independentes, porquanto um corpo pode viver sem a inteligência. Mas, a inteligência só por meio dos órgãos materiais pode manifestar-se. É preciso a união com o espírito para dar inteligência à matéria animalizada."

74. Pode-se estabelecer uma linha de separação entre o instinto e a inteligência, isto é, precisar onde um acaba e começa a outra?

"Não, porque muitas vezes se confundem. Mas, muito bem se podem distinguir os atos que decorrem do instinto dos que são da inteligência."

"O instinto varia em suas manifestações, conforme as espécies e as suas necessidades. Nos seres que têm a consciência e a percepção das coisas exteriores, ele se alia à inteligência, isto é, à vontade e à liberdade." [37]

75. É acertado dizer-se que as faculdades instintivas diminuem à medida que crescem as intelectuais?

"Não; o instinto existe sempre, mas o homem o despreza. O instinto também pode conduzir ao bem. Ele quase sempre nos guia e algumas vezes com mais segurança do que a razão. Nunca se transvia."

a) Por que nem sempre é guia infalível a razão?

"Seria infalível, se não fosse falseada pela má-educação, pelo orgulho e pelo egoísmo. O instinto não raciocina; a razão permite a escolha e dá ao homem o livre-arbítrio."

Princípio Espiritual

O princípio espiritual tem existência própria, individualizada; o elemento espiritual constitui os seres chamados Espíritos. Os Espíritos são criados por Deus e submetidos à sua vontade. É indiscutível que Deus é eterno, mas nada sabemos de quando e como fomos criados; o que sabemos é que Deus nunca deixou de criar e que os Espíritos são a individualização do princípio inteligente. A época e o modo por que essa formação se operou é que são desconhecidos.

Os Espíritos não são imateriais – devendo-se isso à pobreza de nossa linguagem. É mais exato dizer que são incorpóreos, porque, sendo uma criação, o Espírito há de ser alguma coisa. É a matéria quintessenciada, mas sem analogia para nós, e tão etérea que escapa inteiramente ao alcance dos nossos sentidos.

80. A criação dos Espíritos é permanente, ou só se deu na origem dos tempos?
"É permanente. Quer dizer: Deus jamais deixou de criar."

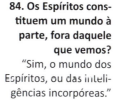

84. Os Espíritos constituem um mundo à parte, fora daquele que vemos?
"Sim, o mundo dos Espíritos, ou das inteligências incorpóreas."

72. Qual a fonte da inteligência?
"Já o dissemos; a Inteligência universal."

77. Os Espíritos são seres distintos da Divindade, ou serão simples emanações ou porções desta e, por isto, denominados filhos de Deus?
"Meu Deus! São obra de Deus, exatamente qual a máquina o é do homem que a fabrica. A máquina é obra do homem, não é o próprio homem. Sabes que, quando faz alguma coisa bela, útil, o homem lhe chama sua filha, criação sua. Pois bem! O mesmo se dá com relação a Deus: somos seus filhos, pois que somos obra sua."

DE

47

CAPÍTULO 3

Atividades

1. Complete as frases:

a) Não há duvida de que a ideia de Deus evoluiu sempre .... , entendimento e cultura da Humanidade.

b) A prova da existência de Deus está no axioma: ....

c) Há dois elementos gerais do Universo: .... e a ....

d) Os Espíritos são os seres ....

e) Os Espíritos não são imateriais; o que é mais exato dizer é ....

---

2. Relacione:
a) Panteísmo ..... Nome dado por Espinoza a Deus.
b) Espírito ..... Agente intermediário entre o espírito e a matéria.
c) Matéria ..... Princípio inteligente do Universo.
d) Natureza da Natureza ..... Meio pelo qual os Espíritos se desenvolvem.
e) Fluido Universal ..... Ideia de que todas as coisas são Deus.

---

3. Responda:

a) O que é Deus?

....

b) O que se deve pensar sobre a opinião que atribui a formação dos mundos ao acaso?

....

c) Onde está escrita a lei de Deus?

....

d) Qual é a causa da animalização da matéria?

....

e) Quais são os principais atributos da divindade?

....

4. Verdadeiro ou Falso.

a) ..... A razão é sempre guia infalível.

b) ..... A inteligência é um atributo do princípio vital.

c) ..... Podemos conhecer o modo como foram formados os mundos.

d) ..... Deus é o infinito.

e) ..... A matéria é a variação de um elemento chamado fluido universal.

A solução das atividades está na página 153.

48

Mensagem Espiritual

enho instruir e consolar os pobres deserdados. Venho dizer-lhes que elevem a sua resignação ao nível de suas provas, que chorem, porquanto a dor foi sagrada no Jardim das Oliveiras; mas que esperem, pois que também a eles os anjos consoladores lhes virão enxugar as lágrimas. Obreiros, traçai o vosso sulco; recomeçai no dia seguinte o afanoso labor da véspera; o trabalho das vossas mãos vos fornece aos corpos o pão terrestre; vossas almas, porém, não estão esquecidas; e Eu, o Jardineiro divino, as cultivo no silêncio dos vossos pensamentos.

Quando soar a hora do repouso, e a trama da vida se vos escapar das mãos e vossos olhos se fecharem para a luz, sentireis que surge em vós e germina a minha preciosa semente.

Nada fica perdido no Reino de nosso Pai e os vossos suores e misérias formam o tesouro que vos tornará ricos nas esferas superiores, onde a luz substitui as trevas e onde o mais desnudo dentre todos vós será talvez o mais resplandecente.

Em verdade vos digo: os que carregam seus fardos e assistem os seus irmãos são bem-amados meus. Instruí-vos na preciosa doutrina que dissipa o erro das revoltas e vos mostra o sublime objetivo da provação humana. Assim como o vento varre a poeira, que também o sopro dos Espíritos dissipe os vossos despeitos contra os ricos do mundo, que são, não raro, muito miseráveis, porquanto se acham sujeitos a provas mais perigosas do que as vossas.

Estou convosco e meu apóstolo vos instrui. Bebei na fonte viva do amor e preparai-vos, cativos da vida, a lançar-vos um dia, livres e alegres, no seio daquele que vos criou fracos para vos tornar perfectíveis e que quer modeleis vós mesmos a vossa maleável argila, a fim de serdes os artífices da vossa imortalidade.

O ESPÍRITO DE VERDADE
(Paris, 1861)

Advento do Espírito de Verdade
Do livro *O Evangelho segundo o Espiritismo*.

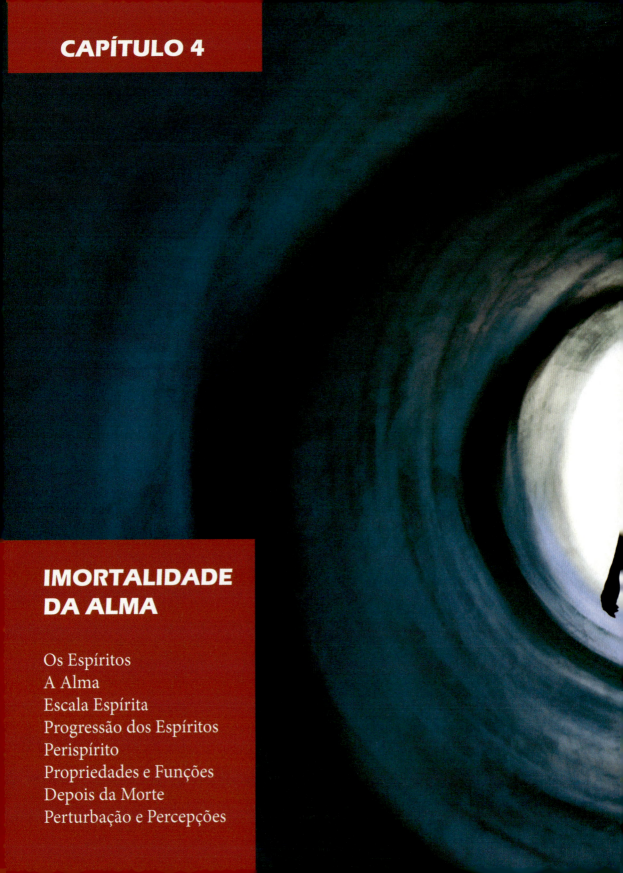

CAPÍTULO 4

IMORTALIDADE DA ALMA

Os Espíritos
A Alma
Escala Espírita
Progressão dos Espíritos
Perispírito
Propriedades e Funções
Depois da Morte
Perturbação e Percepções

CAPÍTULO 4

Os Espíritos*

"Nem todos os Espíritos passam pela fieira do mal para chegar ao bem, e sim pela fieira da ignorância." [38]

Os Espíritos são os seres inteligentes da Criação e povoam o Universo. Constituem um mundo à parte, o mundo dos Espíritos, o qual preexiste e sobrevive a tudo.

São as almas dos que viveram na Terra ou nas outras esferas. Geralmente fazemos dos Espíritos uma ideia completamente falsa; eles não são, como muitos imaginam, seres abstratos, vagos e indefinidos; são, ao contrário, seres muito reais, com sua individualidade e uma forma determinada. São seres semelhantes a nós, ou seja, são a nossa realidade após a morte do corpo físico. Os Espíritos estão por toda parte no espaço e ao nosso lado, vendo-nos e acotovelando-nos de contínuo.

Atuam sobre a matéria e sobre o pensamento, e constituem uma das potências da Natureza e instrumentos de que se vale Deus para realizar sua providência.

Cada Espírito é uma unidade indivisível e por difícil que possa parecer, a existência dos Espíritos não tem fim. Eles passam através de tudo. O ar, a terra, as águas e até mesmo o fogo lhes são igualmente acessíveis.

(*) A palavra Espírito é empregada aqui para designar as individualidades dos seres extracorpóreos, e não mais o elemento inteligente do Universo.

O emocionante filme *Ghost* enfoca a imortalidade da alma e a continuidade do amor, as percepções, sensações depois da morte e a comunicação mediúnica.

A incredulidade da sobrevivência do Espírito depois da morte perdura no outro lado da vida, como mostra o filme *Os Outros*.

"É um erro crer-se que basta a certos incrédulos o testemunho de fenômenos extraordinários para que se tornem convictos. Quem não admite no homem a existência da alma ou do Espírito também não a aceita fora dele; e portanto, negando a causa, nega implicitamente os efeitos. Os contraditores se apresentam com uma ideia preconcebida que os desvia de uma observação séria e imparcial, e levantam questões e objeções a que é impossível responder-se logo." [39]

DE

52

A Alma

No filme *O Sexto Sentido* retrata-se a realidade de diversos Espíritos depois da sua desencarnação, muitos ainda com plena consciência da sua última existência corpórea.

Allan Kardec indagou sobre a alma, aos Espíritos superiores:

134. O que é a alma?
"Um Espírito encarnado."

a) O que era a alma antes de se unir ao corpo?
"Espírito."

b) As almas e os Espíritos são, portanto, idênticos, a mesma coisa?
"Sim, as almas não são senão os Espíritos. Antes de se unir ao corpo, a alma é um dos seres inteligentes que povoam o mundo invisível, os quais temporariamente revestem um invólucro carnal para se purificarem e esclarecerem."

Antes do Espiritismo, errônea ou muito imprecisa, vaga e confusa era a ideia que se fazia da alma humana. Erradamente considerada como efeito e não causa pelos materialistas estes viam nos fenômenos psicológicos, dela dependentes, apenas o resultado da atividade funcional do sistema nervoso do homem.

Um decantado, mas mal compreendido paralelismo psicofisiológico parecia justificar esse modo de ver, porquanto, de fato, lesado o cérebro, ou a medula espinhal, ou os nervos, perturbam-se as funções superiores da consciência, o pensamento lógico, o juízo, o raciocínio, a memória, as sensações e percepções, bem como a afetividade e a mortalidade voluntária, instalando-se a demência, os delírios, as alucinações, a amnésia, as paralisias, a afasia, a insensibilidade, etc. Foram, assim, os homens de ciência, levados a um erro fundamental, que foi inverterem os papéis do corpo e da alma, dando primazia àquele que, entretanto, é apenas instrumento desta para suas atividades.

Erradamente foi confundida a alma com o princípio da vida orgânica pelos vitalistas, os quais não explicam o atributo essencial da alma humana, que é a consciência individual.

Finalmente, foi a alma considerada como um ser real e distinto do corpo, pelos espiritualistas, mas imaginando-a ainda, erroneamente, criada com o corpo e para esse corpo, dotada de um destino do qual se fazem ideias muito vagas, até desaparecer com Deus.

Com o Espiritismo, a alma humana, ou Espírito encarnado, é definida como um ser real que vai depurando-se gradativamente até tornar-se Espírito puro, atingindo o topo da Escala Espiritual.

Desde a Antiguidade, os Espíritos foram conhecidos com diversos nomes: gênios, duendes, demônios, anjos, sereias, fadas, deuses e semideuses, guias, guardiões, etc.

136.b) Que seria o nosso corpo se não tivesse alma?
"Simples massa de carne sem inteligência, tudo o que quiserdes, exceto um homem."

CAPÍTULO 4

Escala Espírita

Os Espíritos revelam que são ilimitadas em número as ordens ou os graus de perfeição dos Espíritos, porque entre elas não há linhas de demarcação traçadas como barreiras, de sorte que as divisões podem ser multiplicadas ou restringidas livremente.

96. São iguais os Espíritos, ou há entre eles qualquer hierarquia?

"São de diferentes ordens, conforme o grau de perfeição que tenham alcançado."

Pode dizer-se que existem três ordens segundo sua perfeição:

1. Espíritos puros; nenhuma influência da matéria. Superioridade intelectual e moral absoluta, com relação aos Espíritos das outras ordens.

2. Espíritos bons; predominância do Espírito sobre a matéria; desejo do bem. Suas qualidades e poderes para o bem estão em relação com o grau de adiantamento que hajam alcançado.

3. Espíritos imperfeitos; predominância da matéria sobre o espírito. Propensão para o mal. Ignorância, orgulho, egoísmo e todas as paixões que lhes são consequentes.

Ordem	Classe	Característica
1	Espíritos puros	Ministros de Deus
2°	Espíritos superiores	Ciência + sabedoria + bondade
3°	Espíritos de sabedoria	Conhecimento + bom juízo
4°	Espíritos sábios	Conhecimento científico
5°	Espíritos benévolos	Bondade + conhecimento limitado
6°	Espíritos batedores	Atitude para efeitos materiais
7°	Espíritos neutros	Nem bons nem maus
8°	Espíritos pseudossábios	Conhecimento + orgulho
9°	Espíritos levianos	Ignorância + malícia
10°	Espíritos impuros	Inclinação ao mal

"A classificação dos Espíritos se baseia no grau de adiantamento deles. Esta classificação, aliás, nada tem de absoluta. Apenas no seu conjunto cada categoria apresenta caráter definido. De um grau a outro a transição é insensível." [40]

122. Como podem os Espíritos, em sua origem, quando ainda não têm consciência de si mesmos, gozar da liberdade de escolha entre o bem e o mal? Há neles algum princípio, qualquer tendência que os encaminhe para uma senda de preferência a outra?

"O livre-arbítrio se desenvolve à medida que o Espírito adquire a consciência de si mesmo. Já não haveria liberdade, desde que a escolha fosse determinada por uma causa independente da vontade do Espírito. A causa não está nele; está fora dele, nas influências a que cede em virtude da sua livre vontade. É o que se contém na grande figura emblemática da queda do homem e do pecado original: uns cederam à tentação, outros resistiram."

Progressão dos Espíritos

Os Espíritos vão aperfeiçoando-se e, ao consegui-lo, passam de um grau inferior a um superior.

115. Dos Espíritos, uns terão sido criados bons e outros maus?

"Deus criou todos os Espíritos simples e ignorantes, isto é, sem sabedoria. A cada um deu determinada missão, com o fim de esclarecê-los e de os fazer chegar progressivamente à perfeição, pelo conhecimento da verdade, para aproximá-los de si."

Os Espíritos seriam como crianças, as rebeldes se conservando ignorantes e imperfeitas. Seu aproveitamento depende da sua maior ou menor docilidade. Todos atingirão a perfeição (perfeição relativa; só Deus é a perfeição absoluta); podem permanecer estacionários, mas não retrogradam. À medida que avançam, compreendem o que os distanciava da perfeição.

Concluindo uma prova, o Espírito fica com a ciência que daí lhe veio e não a esquece. O livre-arbítrio se desenvolve à medida que o Espírito adquire a consciência de si mesmo, passando pela série da ignorância (não a do mal), pois Deus não os criou maus; criou-os simples e ignorantes, isto é, tendo tanto aptidão para o bem quanto para o mal. Os que são maus, assim se tornaram por vontade própria.

"Os anjos são os Espíritos puros: os que se acham no mais alto grau da escala e reúnem todas as perfeições. Uns aceitam submissos essas provas e chegam mais depressa à meta que lhes foi assinada." [41]

ANJOS E DEMÔNIOS

A palavra "anjo" desperta geralmente a ideia de perfeição moral.

Entretanto, ela se aplica muitas vezes à designação de todos os seres, bons e maus, que estão fora da Humanidade. Diz-se: o anjo bom e o anjo mau; o anjo de luz e o anjo das trevas. Neste caso, o termo é sinônimo de Espírito ou de gênio.

A palavra "demônio" não implica a ideia de Espírito mau, senão na sua acepção moderna, porquanto o termo grego *daïmon*, donde ela derivou, significa gênio, inteligência e se aplicava aos seres incorpóreos, bons ou maus, indistintamente.

Como todas as coisas, eles teriam sido criados por Deus. Ora, Deus, que é soberanamente justo e bom, não pode ter criado seres prepostos ao mal e condenados por toda a eternidade. Se há demônios, são esses homens hipócritas que fazem de um Deus justo um Deus mau e vingativo e que julgam agradá-lo por meio das abominações que praticam em seu nome.

119. Não podia Deus isentar os Espíritos das provas que lhes cumpre sofrer para chegarem à primeira ordem?

"Se Deus os houvesse criado perfeitos, nenhum mérito teriam para gozar dos benefícios dessa perfeição.
Onde estaria o merecimento sem a luta? Demais, a desigualdade entre eles existente é necessária às suas personalidades. Acresce ainda que as missões que desempenham nos diferentes graus da escala estão nos desígnios da Providência, para a harmonia do Universo."

CAPÍTULO 4

Perispírito

Os três elementos do ser humano

1 Alma ou Espírito encarnado

2 Perispírito

3 Corpo ou ser material

Há no homem, além da alma e do corpo, um laço que os liga, chamado perispírito.

O perispírito, substância semimaterial, serve de primeiro envoltório ao Espírito e liga a alma ao corpo.

O homem é, portanto, formado de três partes essenciais:

1.º o corpo ou ser material, análogo ao dos animais e animado pelo mesmo princípio vital;

2.º a alma, Espírito encarnado que tem no corpo a sua habitação;

3.º perispírito, substância semimaterial que serve de primeiro envoltório ao Espírito e liga a alma ao corpo.

O perispírito está constituído do fluido universal de cada globo. Quanto mais evoluído o Espírito, mais sutil é seu perispírito, dando impressão de não existir nos Espíritos puros; enquanto nos mais atrasados o seu envoltório é mais grosseiro.

"Envolvendo o gérmen de um fruto, há o perisperma; do mesmo modo, uma substância que, por comparação, se pode chamar perispírito serve de envoltório ao Espírito propriamente dito." [42]

147. Por que é que os anatomistas, os fisiologistas e, em geral, os que aprofundam a ciência da Natureza são, com tanta frequência, levados ao materialismo?

"O fisiologista refere tudo ao que vê. Orgulho dos homens, que julgam saber tudo e não admitem haja coisa alguma que lhes esteja acima do entendimento. A própria ciência que cultivam os enche de presunção. Pensam que a Natureza nada lhes pode conservar oculto."

"[...] Acresce que o nada os amedronta mais do que eles queriam que parecesse, e os espíritos fortes, quase sempre, são antes fanfarrões do que bravos. Na sua maioria, só são materialistas porque não têm com que encher o vazio do abismo que diante deles se abre. Mostrai-lhes uma âncora de salvação e a ela se agarrarão pressurosamente." [43]

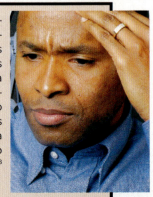

Propriedades e Funções

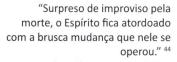

"Surpreso de improviso pela morte, o Espírito fica atordoado com a brusca mudança que nele se operou." [44]

Múltiplas são as propriedades do perispírito; entre elas, podemos destacar três:

1. EXPANSIBILIDADE
Pela sua natureza é flexível e expansível; adapta-se à vontade do Espírito, tomando a aparência que deseje.

2. IRRADIAÇÃO
Forma em torno do corpo físico uma atmosfera que o pensamento e a vontade podem modificar em alcance e intensidade.

3. ABSORÇÃO
Através da qual o perispírito consegue assimilar essências materiais finas, que oferecem ao Espírito, temporariamente, certas sensações como se estivesse encarnado.

Segundo o progresso do Espírito, absorve as essências sutis que dão vitalidade e usufrui de prazeres materiais.

Citamos ainda outras propriedades não menos importantes como bicorporeidade, capacidade refletora, corporeidade, densidade, luminosidade, mutabilidade, odor, penetrabilidade, perenidade, plasticidade, ponderabilidade, sensibilidade global, sensibilidade magnética, tangibilidade, temperatura, unicidade e visibilidade.

Elencaremos as principais funções do perispírito:

1. PERSONALIZAR O ESPÍRITO
Conserva sua individualidade e personifica o Espírito guardando-lhe a aparência de sua última encarnação.

2. PRINCÍPIO DA COMUNICAÇÃO MEDIÚNICA
De acordo com a estrutura neurológica do médium, o perispírito do desencarnado faz vibrar certas zonas do sistema nervoso central, entrando em contato com o perispírito do médium; deste modo se estabelece uma interação entre mente encarnada/mente desencarnada.

3. PROPORCIONAR AÇÃO DO ESPÍRITO SOBRE A MATÉRIA
Servir de veículo de união do corpo físico com o Espírito.

4. ARQUIVO REENCARNATÓRIO
Grava as experiências de vidas passadas e impõe ao corpo limitações físicas e mentais, já que, pela sua sutileza, sofre impacto com tóxicos, sentimentos e pensamentos corrompidos do homem.

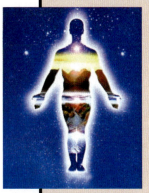

O perispírito é conhecido como "Manu, Manã e Kosha" pelo vedanta; no Budismo esotérico, "Kama-rupa"; no hermetismo egípcio, "Kha"; na Cabala Hebraica, "Rúach"; Pitágoras nominava-o "Carne Sutil da Alma"; os neoplatônicos, como "Aura"; Tertuliano o chamou "Corpo Vital da Alma"; Proclo o caracterizava como "Veículo da Alma"; o Apóstolo Paulo já o chamava "Corpo Espiritual"; Paracelso, "Corpo Astral"; Espinoza, "Corpo Fluídico"; os russos, "MOB, Modelo Organizador Biológico"; e atuais pesquisadores, "Corpo Bioplasmático."

"O perispírito, pela sua natureza etérea, matéria nenhuma lhe opõe obstáculo; ele as atravessa todas, como a luz atravessa os corpos ransparentes." [45]

CAPÍTULO 4

Depois da Morte

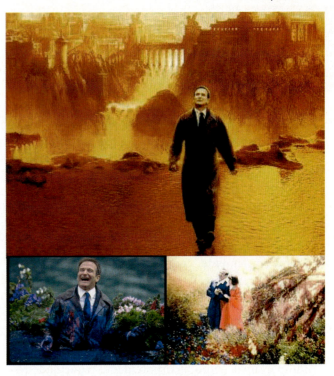

No filme *Amor além da vida* são descritas as esferas espirituais, guardando similitude com as descrições relatadas pelos Espíritos.

No instante da morte, a alma volta a ser Espírito, isto é, volve ao mundo dos Espíritos, donde se apartara momentaneamente, e conserva a sua individualidade, pois jamais a perde; esta individualidade é representada pelo perispírito, que guarda a aparência de sua última encarnação.

152. Que prova podemos ter da individualidade da alma depois da morte?

"Não tendes essa prova nas comunicações que recebeis? Se não fôsseis cegos, veríeis; se não fôsseis surdos, ouviríeis; pois que muito amiúde uma voz vos fala, reveladora da existência de um ser que está fora de vós."

Os Espíritos informam que não é dolorosa a separação de alma e corpo; geralmente o corpo quase sempre sofre mais durante a vida do que no momento da morte.

Os sofrimentos que algumas vezes se experimentam no instante da morte são um gozo para o Espírito, que vê chegar o termo do seu exílio. A morte se opera depois que se rompem os laços que retinham a alma ao corpo. Muitas vezes, a alma sente que se desfazem os laços que a prendem ao corpo. Já em parte desprendida da matéria, vê o futuro desdobrar-se diante de si e goza, por antecipação, do estado de Espírito.

159. Que sensação experimenta a alma no momento em que reconhece estar no mundo dos Espíritos?

"Depende. Se praticaste o mal, impelido pelo desejo de o praticar, no primeiro momento te sentirás envergonhado de o haveres praticado. Com a alma do justo as coisas se passam de modo bem diferente. Ela se sente como que aliviada de grande peso, pois que não teme nenhum olhar perscrutador."

150.b) A alma nada leva consigo deste mundo?

"Nada, a não ser a lembrança e o desejo de ir para um mundo melhor, lembrança cheia de doçura ou de amargor, conforme o uso que ela fez da vida. Quanto mais pura for, melhor compreenderá a futilidade do que deixa na Terra."

160. O Espírito se encontra imediatamente com os que conheceu na Terra e que morreram antes dele?

"Sim, conforme a afeição que lhes votava e a que eles lhe consagravam. Muitas vezes aqueles seus conhecidos o vêm receber à entrada do mundo dos Espíritos e o ajudam a desligar-se das faixas da matéria. Encontra-se também com muitos dos que conheceu e perdeu de vista durante a sua vida terrena. Vê os que estão na erraticidade, como vê os encarnados e os vai visitar."

Perturbação e Percepções

244. Os Espíritos veem a Deus?
"Só os Espíritos superiores o veem e compreendem. Os inferiores o sentem e adivinham."

Por ocasião da morte, tudo, a princípio, é confuso. De algum tempo precisa a alma para entrar no conhecimento de si mesma. Ela se acha como que aturdida, no estado de uma pessoa que despertou de profundo sono e procura orientar-se sobre a sua situação.

Muito variável é o tempo que dura a perturbação que se segue à morte, dependendo da elevação de cada um. Aquele que já está purificado se reconhece quase imediatamente, pois que se libertou da matéria antes que cessasse a vida do corpo, enquanto o homem carnal, aquele cuja consciência ainda não está pura, guarda por muito mais tempo a impressão da matéria.

Semelhante ilusão se prolonga até o completo desprendimento do perispírito. Só então o Espírito se reconhece como tal e compreende que não pertence mais ao número dos vivos. Este fenômeno se explica facilmente quando o Espírito considera ainda a morte como sinônimo de destruição, de aniquilamento.

Uma vez de volta ao mundo dos Espíritos, conserva a alma as percepções que tinha quando na Terra, embora o corpo as obscureça.

A inteligência é um atributo que tanto mais livremente se manifesta no Espírito quanto menos entraves tenha que vencer.

O Espírito vê as coisas mais distintamente do que nós, pois que sua vista penetra onde a nossa não pode penetrar, percebe os sons, transporta-se

com a rapidez do pensamento, pode-se dizer que vê ao mesmo tempo o que acontece em todas as partes, mas isso varia segundo o seu aperfeiçoamento.

Quando um Espírito diz que sofre, refere-se às angústias morais, que o torturam mais dolorosamente do que todos os sofrimentos físicos.

Não pode sentir a fadiga, como a entendemos (corpórea); o Espírito, entretanto, repousa, no sentido de não estar em constante atividade. A sensação de frio ou calor é reminiscência do que padeceu durante a vida, reminiscência não raro tão aflitiva quanto a realidade. Quando se lembra do corpo que revestiu, tem impressão semelhante à de uma pessoa que, havendo tirado o manto que a envolvia, julga, passado algum tempo, que ainda o traz sobre os ombros.

163. A alma tem consciência de si mesma imediatamente depois de deixar o corpo?
"Imediatamente não é bem o termo. A alma passa algum tempo em estado de perturbação."

165. O conhecimento do Espiritismo exerce alguma influência sobre a duração, mais ou menos longa, da perturbação?
"Influência muito grande, por isso que o Espírito já antecipadamente compreendia a sua situação. Mas, a prática do bem e a consciência pura são o que maior influência exerce."

CAPÍTULO 4

Atividades

1. Complete as frases:

a) Os Espíritos são os seres inteligentes da Criação e ....

b) Com o Espiritismo, a alma humana, ou Espírito encarnado, é definida como um ser real, individual, que vai depurando-se gradativamente até tornar-se ....

c) Os Espíritos são criados .... e ....

d) O perispírito tem como propriedades ...., irradiação, ... e penetrabilidade, entre outras.

e) Quanto mais elevado é o Espírito, mais sutil é ....

2. Relacione:
a) Espíritos puros   ..... Conhecimento + orgulho
b) Espíritos superiores   ..... Atitude para as coisas materiais
c) Espíritos batedores   ..... Ministros de Deus
d) Espíritos pseudossábios   ..... Inclinação ao mal
e) Espíritos imperfeitos   ..... Ciência + sabedoria + bondade

3. Responda:

a) Os Espíritos encontram os que morreram antes?

....

b) De que depende a intensidade e a duração da perturbação?

....

c) O que leva a alma consigo deste mundo?

....

d) De que é constituído o perispírito?

....

e) Onde estão as provas da individualidade da alma depois da morte?

....

4. Verdadeiro ou Falso.

a) ..... Quando um Espírito diz que sofre, refere-se às angústias morais.

b) ..... Alma equivale a dizer Espírito encarnado.

c) ..... Existe uma barreira traçada que determina a ordem dos Espíritos.

d) ..... O livre-arbítrio desenvolve-se à medida que o Espírito adquire consciência de si.

e) ..... A alma é o princípio da vida orgânica.

A solução das atividades está na página 153.

Mensagem Espiritual

Senhor Jesus, muito obrigada!

Pelo ar que nos dás, pelo pão que nos deste, pela roupa que nos veste, pela alegria que possuímos, por tudo de que nos nutrimos.

Muito obrigada pela beleza da paisagem, pelas aves que voam no céu de anil, pelas Tuas dádivas mil!

Muito obrigada, Senhor!

Pelos olhos que temos...

Olhos que veem o céu, que veem a terra e o mar, que contemplam toda beleza!

Olhos que se iluminam de amor ante o majestoso festival de cor da generosa Natureza!

E os que perderam a visão?

Deixa-me rogar por eles

Ao Teu nobre coração!

Eu sei que depois desta vida, além da morte, voltarão a ver com alegria incontida...

Muito obrigada pelos ouvidos meus, pelos ouvidos que me foram dados por Deus.

Obrigada, Senhor, porque posso escutar o Teu nome sublime, e, assim, posso amar.

Obrigada pelos ouvidos que registram: a sinfonia da vida, no trabalho, na dor, na lida...

O gemido e o canto do vento nos galhos do olmeiro, as lágrimas doridas do mundo inteiro e a voz longínqua do cancioneiro...

E os que perderam a faculdade de escutar?

Deixa-me por eles rogar...

Sei que em Teu Reino voltarão a sonhar.

Obrigada, Senhor, pela minha voz.

Mas também pela voz que ama, pela voz que canta, pela voz que ajuda, pela voz que socorre, pela voz que ensina, pela voz que ilumina...

E pela voz que fala de amor, obrigada, Senhor!

Recordo-me, sofrendo, daqueles que perderam o dom de falar

E o Teu nome não podem pronunciar!...

Os que vivem atormentados na afasia e não podem cantar nem à noite, nem ao dia...

Eu suplico por eles sabendo, porém, que mais tarde,

No Teu Reino, voltarão a falar.

Obrigada, Senhor, por estas mãos, que são minhas alavancas da ação, do progresso, da redenção.

Agradeço pelas mãos que acenam adeuses, pelas mãos que fazem ternura, e que socorrem na amargura; pelas mãos que acarinham, pelas mãos que elaboram as leis pelas mãos que cicatrizam feridas retificando as carnes sofridas balsamizando as dores de muitas vidas!

Pelas mãos que trabalham o solo, que amparam o sofrimento e estancam lágrimas, pelas mãos que ajudam os que sofrem, os que padecem...

Pelas mãos que brilham nestes traços, como estrelas sublimes fulgindo em meus braços!

...E pelos pés que me levam a marchar, ereta, firme a caminhar; pés da renúncia que seguem humildes e nobres sem reclamar.

E os que estão amputados, os aleijados, os feridos e os deformados,

os que estão retidos na expiação por ilusões doutra encarnação, eu rogo por eles e posso afirmar que no Teu Reino, após a lida dolorosa da vida, hão de poder bailar e em transportes sublimes outros braços afagar...

Sei que a Ti tudo é possível

Mesmo o que ao mundo parece impossível!

Obrigada, Senhor, pelo meu lar, o recanto de paz ou escola de amor, a mansão de glória.

Obrigada, Senhor, pelo amor que eu tenho e pelo lar que é meu...

Mas, se eu sequer nem o lar tiver ou teto amigo para me aconchegar nem outro abrigo para me confortar, se eu não possuir nada, senão as estradas e as estrelas do céu, como leito de repouso e o suave lençol, e ao meu lado ninguém existir, vivendo e chorando sozinha, ao léu...

Sem alguém para me consolar, direi, cantarei, ainda:

Obrigada, Senhor, porque Te amo e sei que me amas, porque me deste a vida jovial, alegre, por Teu amor favorecida...

Obrigada, Senhor, porque nasci, Obrigada, porque creio em Ti.

...E porque me socorres com amor,

Hoje e sempre,

Obrigada, Senhor!

AMÉLIA RODRIGUES

Poema de Gratidão
Do livro Sol de Esperança
Psicografado por Divaldo Pereira Franco.
Editora Leal.

CAPÍTULO 5

REENCARNAÇÃO

Pluralidade de Existências
Justiça Divina
Antecedentes
No Evangelho
Evolução
Aspectos Gerais
Vidas Passadas
Exortação

CAPÍTULO 5

Pluralidade de Existências

Reencarnação quer dizer *ressurreição na carne*, o renascimento do Espírito no plano físico. Allan Kardec utiliza o termo com relação à pluralidade das existências.

Em *O Livro dos Espíritos* se lê:

166. Como pode a alma, que não alcançou a perfeição durante a vida corpórea, acabar de depurar-se?

"Sofrendo a prova de uma nova existência."

A alma passa então por muitas existências corporais?

"Sim, todos contamos muitas existências. Os que dizem o contrário pretendem manter-vos na ignorância em que eles próprios se encontram. Esse o desejo deles."

Logo, Kardec comenta: "Todos os Espíritos (criados simples e ignorantes) tendem para a perfeição, e Deus lhes faculta os meios de alcançá-la, proporcionando-lhes as provações da vida corporal. Sua justiça, porém, lhes concede realizar em novas existências o que não puderam fazer ou concluir numa primeira prova." [45]

A cada nova existência, o Espírito dá um passo na senda do progresso e, quando limpo de todas as impurezas, não tem mais necessidade da vida corporal. O número das encarnações para todos os Espíritos é ilimitado, tantas vezes quantas sejam necessárias, sendo menor naquele que progride mais depressa. ■

"Se a sorte do homem se fixasse irrevogavelmente depois da morte, não seria uma única a balança em que Deus pesa as ações de todas as criaturas e não haveria imparcialidade no tratamento que a todas dispensa." [46]

169. É invariável o número das encarnações para todos os Espíritos?
"Não; aquele que caminha depressa, a muitas provas se forra. Todavia, as encarnações sucessivas são sempre muito numerosas, porquanto o progresso é quase infinito."

167. Qual o fim objetivado com a reencarnação?
"Expiação, melhoramento progressivo da Humanidade. Sem isto, onde a justiça?"

DE

64

Finalidades da Reencarnação

1. Reparação
Se praticarmos o mal, teremos que arcar com as consequências. Por isto a reencarnação funciona como resgate e corretivo do Espírito culpado.

2. Aprendizagem
Com as numerosas experiências que a vida nos proporciona na Terra, educaremos os nossos sentimentos e o nosso coração segundo o mandamento: "amar a Deus sobre todas as coisas e ao próximo como a si mesmo".
A aprendizagem na Terra nos dá também a oportunidade de instruir nosso Espírito enriquecendo-o de sabedoria.

3. Elevação
À medida que vamos educando nosso amor e adquirindo sabedoria, simultaneamente nos capacitamos para habitar planos superiores.

Justiça
Divina

A reencarnação fundamenta-se na justiça de Deus e na revelação espiritual, pois o bom pai deixa sempre aberta a seus filhos uma porta para o arrependimento. A razão nos diz que seria injusto privar para sempre da felicidade eterna todos aqueles de quem não dependeu o melhorarem-se.

A doutrina da reencarnação é a única que corresponde à ideia que formamos da justiça de Deus para com os homens, a única que pode explicar o futuro e firmar as nossas esperanças, pois que nos oferece os meios de resgatarmos os nossos erros por novas provações. A razão no-la indica e os Espíritos a ensinam.

172. As nossas diversas existências corporais se verificam todas na Terra?
"Não; vivemo-las em diferentes mundos. As que aqui passamos não são as primeiras, nem as últimas; são, porém, das mais materiais e das mais distantes da perfeição."

O homem, que tem consciência da sua inferioridade, haure consoladora esperança na doutrina da reencarnação. Se crê na justiça de Deus, não pode contar que venha a achar-se para sempre em pé de igualdade com os que mais fizeram do que ele.

"A duração da vida, nos diferentes mundos, parece guardar proporção com o grau de superioridade física e moral de cada um, o que é perfeitamente racional. Quanto menos material o corpo, menos sujeito às vicissitudes que o desorganizam. Quanto mais puro o Espírito, menos paixões a miná-lo. É essa ainda uma graça da Providência, que desse modo abrevia os sofrimentos." [47]

170. O que fica sendo o Espírito depois da sua última encarnação?
"Espírito bem-aventurado; puro Espírito."

CAPÍTULO 5

Antecedentes

Desde tempos imemoriais, a imortalidade da alma e a reencarnação inspiraram as mais extraordinárias filosofias, constituindo o conhecimento dos santuários dos antigos centros iniciáticos. Já Platão, retratando as dissertações de Sócrates, manifestou: "Em realidade, uma vez mais evidenciando que a alma é imortal, não existirá, para ela, nenhuma fuga possível para os seus males, nem para sua salvação, a não ser retornando melhor e mais sábia".

A Índia milenar, cujo pensamento é anterior ao grego, apresenta na sua filosofia védica a existência da reencarnação; no *Bhagavad Gita* se lê: "Assim como deixamos de lado a roupa usada e vestimos a nova, assim o Espírito troca a indumentária de carne e se reveste de uma nova".

E um pouco mais adiante sintetiza de modo magistral: "Chorarás se te disserem que o homem recém-falecido é como o homem recém-nascido? O fim do nascimento é a morte, e o fim da morte é o nascimento; tal é a lei".

O budismo de Sakyamuni nos diz: "O sofrimento provém do desejo da criatura humana, que o conduz a nascimentos sucessivos. Conjuntamente com a luxúria, o desejo encontra satisfação em todo lugar. O desejo das paixões, dos poderes, tais são as fontes do sofrimento."

A frase inscrita no dólmen de Kardec: "Nascer, morrer, renascer ainda e progredir sempre, esta é a lei" é de origem druida e está em relação com uma encarnação anterior do Codificador.

Os druidas eram sacerdotes celtas que exerciam as maiores funções legais e educativas. Defendiam a imortalidade e a reencarnação.

Os egípcios eram dos povos mais reencarnacionistas da Antiguidade. No antigo Egito acreditava-se que o faraó estava dotado de potestades divinas que o colocavam além do comum dos mortais. Assim como supunha-se que, em vida, era a reencarnação de "Hórus", o deus do céu, na morte se unia ao deus do sol, "Ra" e navegava pelo firmamento na sua embarcação celestial.

Na Grécia, a reencarnação estava presente na filosofia de Pitágoras, Sócrates e Platão.

Orígenes (185-254)
Considerado o "Pai da ciência da Igreja" e "o maior mestre da Igreja depois dos Apóstolos", nos seus ensinamentos manifestava: "Existe a preexistência das almas. A Alma é imaterial e, portanto, não há nem princípio nem fim na sua existência. As predições dos Evangelhos não foram feitas com a intenção de uma interpretação literal. Existe um progresso constante rumo à evolução, sendo nos primeiros tempos como copos de barro, logo de vidro, logo de prata, finalmente como cálice de ouro. Todos os Espíritos foram criados sem culpa e todos têm que retornar, ao fim, à sua perfeição original. A educação das almas continua em mundos sucessivos. Há inumeráveis mundos que se seguem uns aos outros durante eternas eras. Não será isto mais conforme à razão? Que cada alma, por certas razões misteriosas, seja introduzida num corpo, conforme seus méritos e ações anteriores?" [48]

II Concílio de Constantinopla 553
Até a metade do século VI, a reencarnação fazia parte do Cristianismo. Depois do segundo Concílio de Constantinopla, atual Istambul, Turquia, por exigências do Império Bizantino, ficou abolida, sendo substituída pela ressurreição. Por petição de Teodora, esposa do imperador Justiniano, partidária da escravidão e das ideias preconcebidas, temerosa de retornar ao mundo na pele de escrava negra, desencadeou uma forte pressão sobre o Papa da época, Virgílio, para quem os desejos de Teodora eram lei. Assim, o Concílio decidiu eliminar todo o pensamento de Orígenes de Alexandria, conforme se lê em latim:
"Se alguém diz, ou pensa, que as almas dos homens preexistem e que tenham sido anteriormente Espíritos e virtudes, e que foram enviadas em corpos como castigo: que sejam declarados anátemas." [49]

O Egito faraônico versou praticamente toda a sua filosofia e sua ciência no princípio da reencarnação.

Os egípcios chegaram a conhecer o perispírito, chamado de Kha, e sabiam que sua elevação dependeria de seu grau evolutivo. E tudo isto em épocas que passam os cinco mil anos!

Todos os estudiosos das ciências psíquicas são unânimes em afirmar a existência da reencarnação, como veículo da imortalidade. Teosofistas, martinistas, rosa-cruzes, esoteristas, templários, ocultistas em geral, todos abraçam os postulados que Allan Kardec, o missionário liônes, esclareceu e divulgou, devolvendo ao homem a responsabilidade que ele mesmo gera. ■

Leonardo da Vinci (1491-1552)
O famoso renascentista italiano afirmava: "Leia-me, oh, leitor, se em mim encontras deleite, porque raras vezes retornarei de novo a este mundo."

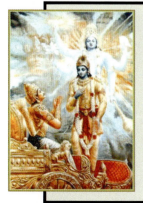

Na Índia encontramos a reencarnação ou "transmigração das almas" explícita no livro *Bhagavad Gita*, nos diálogos e lições do mestre espiritual Krishna a seu discípulo Arjuna.

O caminho da vida budista oferece preceitos para o bem-estar ético e espiritual de cada indivíduo, e os exorta a ter compaixão, por qualquer que seja a forma de vida. Como reencarnacionistas, os budistas devem aceitar a responsabilidade proveniente do exercício de sua liberdade, já que as consequências da ação podem ser vistas em vidas posteriores.

CAPÍTULO 5

No Evangelho

A reencarnação formava parte dos dogmas judaicos sob o nome de ressurreição.

Jesus foi o ser que ensinou a reencarnação com maior contundência ao longo dos tempos.

Ele falava aramaico, dialeto com um vocabulário muito limitado, no qual um mesmo termo admite diversos significados.

Todo o Evangelho predica a ressurreição, tanto da carne como a do espírito. A ressurreição na carne deve-se entender como reencarnação. Lembremos o diálogo com Nicodemos: "Em verdade, em verdade digo-te: Ninguém pode ver o reino de Deus se não nascer de novo."

Disse-lhe Nicodemos: "Como pode nascer um homem já velho? Pode tornar a entrar no ventre de sua mãe, para nascer uma segunda vez?"

Retorquiu-lhe Jesus: "Se um homem não renasce da água e do Espírito, não pode entrar no reino de Deus." O que é nascido da carne é carne, e o que é nascido do Espírito é Espírito. Não te admires de que eu te haja dito ser preciso que nasças de novo". Respondeu-lhe Nicodemos: "Como pode isso fazer-se?" Jesus lhe observou: "Pois quê! És mestre em Israel e ignoras estas coisas? Se não me credes, quando vos falo das coisas da Terra, como me crereis, quando vos fale das coisas do céu?"

(S. João, 3:1 a 12)[50]

Quando Jesus anunciou: "ninguém pode ver o reino de Deus se não nascer de novo", falava da reencarnação?

Tomando por base que o Espírito não atinge, numa só existência, a gloriosa condição de angelical e não percebe imediatamente o "reino de Deus", daí que precise de muitas vidas. Lenta e constantemente, o Espírito começa a progredir através do esforço próprio, para integrar-se na vida elevada.

Por isso Jesus anunciou categoricamente: "ninguém pode ver o reino de Deus se não nascer de novo".

O conceito que diz, "Se um homem não renasce da água e do Espírito" está se referindo ao processo do batismo?

Em João, cap. 3, v. 1 a 15, está escrito com detalhes o diálogo que Jesus manteve com Nicodemos, membro do Senedrim e mestre de Israel, explicando-lhe a necessidade de novas existências para entrar no reino de Deus.

Allan Kardec explica que na Antiguidade sabia-se que a água era o elemento gerador absoluto. A água vinha a ser o símbolo da natureza material, como o Espírito era o da natureza inteligente, sem querer dizer, no entanto, que se tratava da água do batismo. As palavras: "Se o homem não renasce da água e do Espírito, não pode entrar no reino de Deus" significam, pois: "Se o homem não volta ao nascer do corpo e da alma". Neste sentido foram inicialmente compreendidas.[51]

Lamentavelmente, os homens não têm sabido interpretar corretamente os conceitos e princípios de Jesus, que sob simbólico conceito referia-se à reencarnação.

Se um homem não renasce da água, é evidente que não teria um corpo físico, já que o corpo humano é aproximadamente 70% água. Esta interpretação está, adicionalmente, justificada com estas palavras: "o que é nascido da carne, carne é, o que é nascido do espírito, espírito é".

Jesus faz aqui uma distinção positiva entre o Espírito e o corpo. "O que é nascido da carne, carne é" indica claramente que o corpo somente precede do corpo e que o Espírito é independente do corpo.

Evolução

"A vida do Espírito, em seu conjunto, apresenta as mesmas fases que observamos na vida corporal. Ele passa gradualmente do estado de embrião ao de infância, para chegar, percorrendo sucessivos períodos, ao de adulto, que é o da perfeição, [...]o seu progresso se realiza, não num único mundo, mas vivendo ele em mundos diversos." [52]

Tudo se encadeia na natureza, desde o átomo primitivo até o arcanjo, que por sua vez iniciou como átomo.

Lembremos o episódio em que Jesus assevera que João Batista (à esquerda) é a reencarnação de Elias (à direita).
Seus discípulos então o interrogaram desta forma: "Por que dizem os escribas ser preciso que antes volte Elias?" – Jesus lhes respondeu: "É verdade que Elias há de vir e restabelecer todas as coisas: – mas, eu vos declaro que Elias já veio e eles não o conheceram e o trataram como lhes aproue. Então, seus discípulos compreenderam que fora de João Batista que ele falara". (S. Mateus, 17:10 a 13; S. Marcos, 9:11 a 13) [53]

CAPÍTULO 5

Aspectos Gerais

OS MUNDOS

As reencarnações se realizam em diferentes mundos; a terrestre não é a primeira nem a última, mas sim, uma das mais materiais e distantes da perfeição. Pode-se viver muitas vezes no mesmo mundo, dependendo da afinidade e do progresso do Espírito com o mundo que irá habitar.

HOMEM E MULHER

Os Espíritos reencarnam como homens e mulheres, já que o Espírito não tem sexo. Como devem progredir em tudo, cada sexo, e mesmo cada posição social, faculta-lhe provas e deveres específicos, incrementando assim a bagagem de experiências. O que apenas reencarnasse como homem não saberia mais do que sabem os homens.

RESSURREIÇÃO

A ressurreição, como hoje se concebe, pouco se assemelha à reencarnação. O bom senso se opõe à aberração de que a alma possa reconstituir o seu corpo, decomposto e reassimilado pelos outros organismos da natureza. É insensato materializar o que se encontra "morto" e sacrificar os que se encontram vivos. A reencarnação é hoje um fato comprovado, que demonstra o retorno do Espírito ao plano físico sem derrogar, de forma alguma, as leis da Natureza.

612. Poderia encarnar num animal o Espírito que animou o corpo de um homem?
"Isso seria retrogradar, e o Espírito não retrograda. O rio não remonta à sua nascente."

ERRANTES

Os Espíritos errantes são aqueles que estão esperando uma nova existência para melhorar-se. Existem de diversos graus, e a sua espera varia desde horas até séculos, se dando, geralmente, depois de períodos mais ou menos longos.

LEI DE CAUSA E EFEITO

A palavra *karma* provém do sânscrito hindu e quer dizer *ação*. Quer dizer que tudo o que se

330. Sabem os Espíritos em que época reencarnarão?
"Pressentem-na, como sucede ao cego que se aproxima do fogo. Sabem que têm de retornar a um corpo, como sabeis que tendes de morrer um dia, mas ignoram quando isso se dará."

"Dependendo de estarem mais ou menos adiantados, os Espíritos não se preocupam com a sua reencarnação; mesmo assim, reencarnarão."[54] Em alguns casos, é imposta, pela mesma lei, a reencarnação, em outros escolhem as provas (quer dizer, corpo, condições, época, família, etc.); quanto maiores os obstáculos, maior o progresso.

205. A algumas pessoas, a doutrina da reencarnação se afigura destruidora dos laços de família, com o fazê-los anteriores à existência atual?

"Ela os distende; não os destrói. Fundando-se o parentesco em afeições anteriores, menos precários são os laços existentes entre os membros de uma mesma família.

Essa doutrina amplia os deveres da fraternidade, porquanto, no vosso vizinho, ou no vosso servo, pode-se achar um Espírito a quem tenhais estado presos pelos laços da consanguinidade."

faz equivale a dizer *karma*. Allan Kardec preferiu chamá-lo de Lei de Causa e Efeito, e pautou que os atos positivos, caritativos e benevolentes reparam ações delituosas do passado.

As tradições espiritualistas afirmam que as boas ações seriam *karmas* positivos ou *dharmas*, não obstante *karma* seja empregado para designar os fatos que o Espírito fez contra outros, contra a Natureza ou contra si mesmo. O karma negativo é resgatado na atual existência ou numa futura, a maneira de corretivo, e não de castigo.

Existem resgates individuais e coletivos, com a família, cidade, país e planeta.

Com a Lei de Causa e Efeito são explicados centenas de casos, como os de síndrome de Down, deformações físicas, acidentes, abandono, esterilidade, homossexualidade, doenças incuráveis, miséria, loucura, etc., assim como os de genialidade, saúde, tranquilidade emocional, etc., todos tendo a sua origem no pretérito, e, dessa maneira, vemos a justiça de Deus em ação.

Nosso destino é a fatalidade do bem; ninguém está destinado ao mal ou ao sofrimento. ■

"A encarnação dos Espíritos se dá sempre na espécie humana; seria erro acreditar-se que a alma ou Espírito possa encarnar no corpo de um animal (metempsicose). As diferentes existências corpóreas do Espírito são sempre progressivas e nunca regressivas."[55]

"O viajante que embarca sabe a que perigo se lança, mas não sabe se naufragará. O mesmo se dá com o Espírito: conhece o gênero das provas a que se submete, mas não sabe se sucumbirá."[56]

344. Em que momento a alma se une ao corpo?

"A união começa na concepção, mas só é completa por ocasião do nascimento. Desde o instante da concepção, o Espírito designado para habitar certo corpo a este se liga por um laço fluídico, que cada vez mais se vai apertando, até o instante em que a criança vê a luz. O grito que o recém-nascido solta anuncia que ela se conta no número dos vivos e dos servos de Deus."

"Assim como, para o Espírito, a morte do corpo é uma espécie de renascimento, a reencarnação é uma espécie de morte, ou, antes, de exílio, de clausura. Ele deixa o mundo dos Espíritos pelo mundo corporal, como o homem deixa este mundo por aquele. Sabe que reencarnará, como o homem sabe que morrerá."[57]

CAPÍTULO 5

Vidas Passadas

Existem meios de provar a reencarnação?

A lembrança de vidas passadas pesquisada por grandes psiquiatras, psicólogos e pesquisadores da matéria, é um dos métodos mais completos para provar a reencarnação.

Citemos o Dr. Ian Stevenson, diretor do Departamento de Psiquiatria da Universidade de Virgínia, nos Estados Unidos, com o seu livro "20 Casos Sugestivos de Reencarnação"; ou o Dr. Brian Weiss, diretor do Departamento de Psiquiatria do Hospital Mount de Sinai Medical Center em Miami; ou os ainda casos de experiências de memória extracerebral realizados na Índia pelo Dr. Banerjee.

Adicionalmente, as comunicações mediúnicas, as lembranças espontâneas nas crianças e os chamados *déjà vu*, bem como lembranças antes do nascimento, são outras das tantas provas que confirmam a reencarnação.

392. Por que perde o Espírito encarnado a lembrança do seu passado?

"Não pode o homem, nem deve, saber tudo. Deus assim o quer em sua sabedoria. Sem o véu que lhe oculta certas coisas, ficaria ofuscado, como quem, sem transição, saísse do escuro para o claro. Esquecido de seu passado, ele é mais senhor de si." Não temos, lembrança exata do que fomos no passado; mas temos de tudo isso a intuição, sendo as nossas tendências instintivas uma reminiscência do passado. E a nossa consciência, que é o desejo que experimentamos de não reincidir nas faltas já cometidas, concita-nos à resistência àqueles pendores.

Gravíssimos inconvenientes teria o de nos lembrarmos das nossas individualidades anteriores. Recordar-nos-íamos de antigos adversários, algozes e vítimas, reativando-se rancores, e continuaríamos caindo. Por isso, o esquecimento nos serve como ajuda ao progresso espiritual. ■

Dr. Ian Stevenson
(1918-2007)
Na Universidade de Virgínia, Estados Unidos, o psiquiatra e pesquisador da reencarnação reuniu mais de três mil casos, em toda parte do mundo, de crianças que lembram as suas vidas passadas. Ian Stevenson cumpriu rigorosamente os padrões científicos exigidos.

O **Dr. Brian Weiss**, médico diplomado pela Universidade de Yale, com especialização em Psiquiatria na Universidade de Colúmbia, Estados Unidos, é o autor do livro *Muitas Vidas, Muitos Mestres*, em que relata as suas experiências com Catherine, que, depois de um ano de tratamento convencional, não conseguiu a cura.
Weiss, valendo-se da hipnose, fez que retrocedesse à origem de seus problemas, e ela lhe contou que se chamava Aronda e que havia morado no Egito, tendo morrido dezoito séculos antes de Cristo.
A sua desconfiança foi diluindo-se enquanto Catherine foi se curando e descobrindo 85 vidas. O Dr. Weiss experimentou o método com centenas de pacientes, concluindo que todos reencarnamos. Atualmente, profere palestras sobre o tema nos Estados Unidos e em diversos países.

As terapias regressivas, ou TVP (terapia de vidas passadas), devem ser realizadas por profissionais na matéria. Devem ser justificadas por traumas ou conflitos concretos, pois são prejudiciais quando tratadas como uma simples brincadeira ou quando são encaradas com leviandade, para satisfazer a nossa natural curiosidade.
Têm efeitos terapêuticos positivos em neuroses, fobias, manias, complexos, traumas e tiques nervosos, cuja causa pode ser revelada em estado de hipnose, por exemplo: uma terrível fobia de uma mulher à água, pelo fato de ter sido, na existência anterior, encadeada em uma galera, jogada ao rio e devorada por jacarés.

Exortação

dmitindo, de acordo com a crença vulgar, que a alma nasce com o corpo, ou, o que vem a ser o mesmo, que, antes de encarnar, só dispõe de faculdades negativas, perguntamos:

1.º Por que mostra a alma aptidões tão diversas e independentes das ideias que a educação lhe fez adquirir?

2.º Donde vem a aptidão extranormal que muitas crianças em tenra idade revelam, para esta ou aquela arte, para esta ou aquela ciência, enquanto outras se conservam inferiores ou medíocres durante a vida toda?

3.º Donde, em uns, as ideias inatas ou intuitivas, que noutros não existem?

4.º Donde, em certas crianças, o instinto precoce que revelam para os vícios ou para as virtudes, os sentimentos inatos de dignidade ou de baixeza, contrastando com o meio em que elas nasceram?

5.º Por que, abstraindo-se da educação, uns homens são mais adiantados do que outros?

6.º Por que há selvagens e homens civilizados? Se tomardes de um menino hotentote recém-nascido e o educardes nos nossos melhores liceus, fareis dele algum dia um Laplace ou um Newton?

Qual a filosofia ou a teosofia capaz de resolver estes problemas? É fora de dúvida que ou as almas são iguais ao nascerem, ou são desiguais. Se são iguais, por que, entre elas, tão grande diversidade de aptidões? Dir-se-á que isso depende do organismo. Mas, então, achamo-nos em presença da mais monstruosa e imoral das doutrinas.

O homem seria simples máquina, joguete da matéria; deixaria de ter a responsabilidade de seus atos, pois que poderia atribuir tudo às suas imperfeições físicas. Se as almas são desiguais, é que Deus as criou assim. Nesse caso, porém, por que a inata superioridade concedida a algumas? Corresponderá essa parcialidade à justiça de Deus e ao amor que Ele consagra igualmente a todas as suas criaturas? Admitamos, ao contrário, uma série de progressivas existências anteriores para cada alma, e tudo se explica. ■

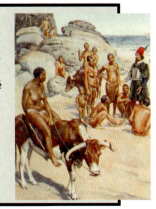

"À vista da sexta interrogação acima, dirão naturalmente que o hotentote* é de raça inferior. Perguntaremos, então, se o hotentote é ou não um homem. Se é, por que a ele e à sua raça privou Deus dos privilégios concedidos à raça caucásica? Se não é, por que tentar fazê-lo cristão? A Doutrina Espírita tem mais amplitude do que tudo isto. Segundo ela, não há muitas espécies de homens, há tão somente homens cujos Espíritos estão mais ou menos atrasados, porém todos suscetíveis de progredir. Não é este princípio mais conforme à justiça de Deus?"[58]

* Hotentote: povo khoikhoi, que habita o sudoeste da África.

CAPÍTULO 5

Atividades

1. Complete as frases:

a) .... como hoje se concebe, em pouco se assemelha à reencarnação.

b) Jesus estava se referindo a .... quando anunciou: "ninguém pode ver o reino de Deus se não nascer de novo".

c) As reencarnações se realizam em ....; a terrestre não é a primeira nem a última.

d) As formas de resgate são .... e ....

e) As terapias regressivas devem ser realizadas por ....

---

2. Relacione:
- **a)** Errante
- **b)** Hotentote
- **c)** João Batista
- **d)** Brian Weiss
- **e)** Platão

..... Reencarnação de Elias.
..... Espírito em espera de uma nova existência.
..... Discípulo de Sócrates.
..... Espírito suscetível de progredir.
..... Autor do livro *Muitas Vidas, Muitos Mestres*.

---

3. Responda:

a) Em que princípio se fundamenta a reencarnação?

....

b) Quais são as finalidades da reencarnação?

....

c) Quantas vezes deve um Espírito encarnar-se?

....

d) O que vem a ser o Espírito depois da sua última encarnação?

....

e) Quem são os Espíritos errantes?

....

4. Verdadeiro ou Falso.

a) ..... Os egípcios não conheciam a reencarnação.

b) ..... Se um homem não renascesse da água, não teria corpo físico.

c) ..... Um Espírito pode reencarnar como homem ou mulher.

d) ..... A ressurreição na carne equivale a dizer "reencarnação".

e) ..... Os laços familiares são fortalecidos pela reencarnação.

A solução das atividades está na página 153.

Mensagem
Espiritual

Sou o grande médico das almas e venho trazer-vos o remédio que vos há de curar. Os fracos, os sofredores e os enfermos são os meus filhos prediletos. Venho salvá-los. Vinde, pois, a mim, vós que sofreis e vos achais oprimidos, e sereis aliviados e consolados. Não busqueis alhures a força e a consolação, pois que o mundo é impotente para dá-las.

Deus dirige um supremo apelo aos vossos corações, por meio do Espiritismo. Escutai-o. Extirpados sejam de vossas almas doloridas a impiedade, a mentira, o erro, a incredulidade. São monstros que sugam o vosso mais puro sangue e que vos abrem chagas quase sempre mortais. Que, no futuro, humildes e submissos ao Criador, pratiqueis a sua Lei divina. Amai e orai; sede dóceis aos Espíritos do Senhor; invocai-o do fundo de vossos corações. Ele, então, vos enviará o seu Filho bem-amado, para vos instruir e dizer estas boas palavras: "Eis-me aqui; venho até vós, porque me chamastes".

O ESPÍRITO DE VERDADE
(Bordeaux, 1861)

Advento do Espírito de Verdade
Do livro *O Evangelho segundo o Espiritismo.*

CAPÍTULO 6

LEIS MORAIS E ASPECTOS DIVERSOS

O Dormir e os Sonhos
Visitas Espirituais
A Lei Divina ou
Natural
As Leis Morais
Mundos Habitados
A Terra

CAPÍTULO 6

O Dormir e os Sonhos

"Graças ao sono, os Espíritos encarnados estão sempre em relação com o mundo dos Espíritos. Por isso é que os Espíritos superiores assentem, sem grande repugnância, em encarnar entre nós."[59]

Durante o sono, a alma não repousa como o corpo; o Espírito jamais está inativo. Durante o sono, afrouxam-se os laços que o prendem ao corpo e, não precisando este então da sua presença, ele se lança pelo espaço e entra em relação mais direta com os outros Espíritos.

402. Como podemos julgar da liberdade do Espírito durante o sono?

"Pelos sonhos. Quando o corpo repousa, acredita-o, tem o Espírito mais faculdades do que no estado de vigília. Lembra-se do passado e algumas vezes prevê o futuro.

Adquire maior potencialidade e pode pôr-se em comunicação com os demais Espíritos, quer deste mundo, quer do outro.

Dizes frequentemente: Tive um sonho extravagante, um sonho horrível, mas absolutamente inverossímil.

Enganas-te. É amiúde uma recordação dos lugares e das coisas que viste ou que verás em outra existência ou em outra ocasião. Estando entorpecido o corpo, o Espírito trata de quebrar seus grilhões e de investigar no passado ou no futuro.

Pobres homens, que mal conheceis os mais vulgares fenômenos da vida! Julgais-vos muito sábios e as coisas mais comezinhas vos confundem. Nada sabeis responder a estas perguntas que todas as crianças formulam: Que fazemos quando dormimos? Que são os sonhos?

O sono liberta a alma parcialmente do corpo. Quando dorme, o homem se acha por algum tempo no estado em que fica permanentemente depois que morre.

Ainda esta circunstância é de molde a vos ensinar que não deveis temer a morte, pois que todos os dias morreis, como disse um santo."

"Os sonhos são efeito da emancipação da alma, que mais independente se torna pela suspensão da vida ativa e de relação. Daí uma espécie de clarividência indefinida que se alonga até os mais afastados lugares e até mesmo a outros mundos. Daí também a lembrança que traz à memória acontecimentos da precedente existência ou das existências anteriores. As singulares imagens do que se passa ou se passou em mundos desconhecidos, entremeadas de coisas do mundo atual, é que formam esses conjuntos estranhos e confusos, que nenhum sentido ou ligação parecem ter."[60]

"O sonho é a lembrança do que o Espírito viu durante o sono. Notai, porém, que nem sempre sonhais. Que quer isso dizer? Que nem sempre vos lembrais do que vistes, ou de tudo o que haveis visto, enquanto dormíeis. É que não tendes então a alma no pleno desenvolvimento de suas faculdades.
Muitas vezes, apenas vos fica a lembrança da perturbação que o vosso Espírito experimenta à sua partida ou no seu regresso, acrescida da que resulta do que fizestes ou do que vos preocupa quando despertos. Tratai de distinguir essas duas espécies de sonhos nos de que vos lembrais, do contrário cairíeis em contradições e em erros funestos à vossa fé."[61]

Visitas Espirituais

llan Kardec indagou aos Espíritos sobre as visitas espirituais durante o sono, obtendo as seguintes respostas:

406. Quando em sonho vemos pessoas vivas, muito nossas conhecidas, a praticarem atos de que absolutamente não cogitam, não é isso puro efeito de imaginação?

"De que absolutamente não cogitam, dizes. Que sabes a tal respeito? Os Espíritos dessas pessoas vêm visitar o teu, como o teu os vai visitar, sem que saibas sempre o em que eles pensam. Demais, não é raro atribuirdes, de acordo com o que desejais, a pessoas que conheceis, o que se deu ou se está dando em outras existências."

414. Podem duas pessoas que se conhecem visitar-se durante o sono?

"Certo e muitos que julgam não se conhecerem costumam reunir-se e falar-se. Podes ter, sem que

"O sono é a porta que Deus lhes abriu, para que possam ir ter com seus amigos do céu; é o recreio depois do trabalho, enquanto esperam a grande libertação, a libertação final, que os restituirá ao meio que lhes é próprio."[62]

o suspeites, amigos em outro país. É tão habitual o fato de irdes encontrar-vos, durante o sono, com amigos e parentes, com os que conheceis e que vos podem ser úteis, que quase todas as noites fazeis essas visitas."

O Espírito vai visitar aqueles com quem deseja encontrar-se. Mas não constitui razão, para que semelhante coisa se verifique, o simples fato de ele o querer quando desperto. ■

"Os sonhos não são verdadeiros como o entendem os ledores de *buena-dicha*, pois seria absurdo crer-se que sonhar com tal coisa anuncia tal outra. São verdadeiros no sentido de que apresentam imagens que para o Espírito têm realidade, porém que, frequentemente, nenhuma relação guardam com o que se passa na vida corporal.
São também, como atrás dissemos, um pressentimento do futuro, permitido por Deus, ou a visão do que no momento ocorre em outro lugar a que a alma se transporta."[63]

CAPÍTULO 6

A Lei Divina ou Natural

A lei natural é a lei de Deus. É a única verdadeira para a felicidade do homem. Indica-lhe o que deve fazer, ou deixar de fazer e ele só é infeliz quando dela se afasta. A lei natural é eterna e imutável como o próprio Deus. Todos podem conhecê-la, mas nem todos a compreendem.

Os homens de bem e os que se decidem a investigá-la são os que melhor a compreendem. Todos, entretanto, a compreenderão um dia, porquanto forçoso é que o progresso se efetue.

629. Que definição se pode dar da moral?
"A moral é a regra de bem proceder, isto é, de distinguir o bem do mal. Funda-se na observância da lei de Deus. O homem procede bem quando tudo faz pelo bem de todos, porque então cumpre a lei de Deus."

630. Como se pode distinguir o bem do mal?
"O bem é tudo o que é conforme a lei de Deus; o mal, tudo o que lhe é contrário. Assim, fazer o bem é proceder de acordo com a lei de Deus. Fazer o mal é infringi-la."

625. Qual o tipo mais perfeito que Deus tem oferecido ao homem, para lhe ser vir de guia e modelo?
"Observa Jesus."

647. A lei de Deus se acha contida toda no preceito do amor ao próximo, ensinado por Jesus?
"Certamente esse preceito encerra todos os deveres dos homens uns para com os outros. Cumpre, porém, se lhes mostre a aplicação que comporta, do contrário deixarão de cumpri-lo, como o fazem presentemente. Demais, a lei natural abrange todas as circunstâncias da vida, e esse preceito compreende só uma parte da lei. Aos homens são necessárias regras precisas; os preceitos gerais e muito vagos deixam grande número de portas abertas à interpretação."

As Leis Morais

"Entre as leis divinas, umas regulam o movimento e as relações da matéria bruta: as leis físicas, cujo estudo pertence ao domínio da Ciência. As outras dizem respeito especialmente ao homem considerado em si mesmo e nas suas relações com Deus e com seus semelhantes. Contêm as regras da vida do corpo, bem como as da vida da alma: são as leis morais."[64]

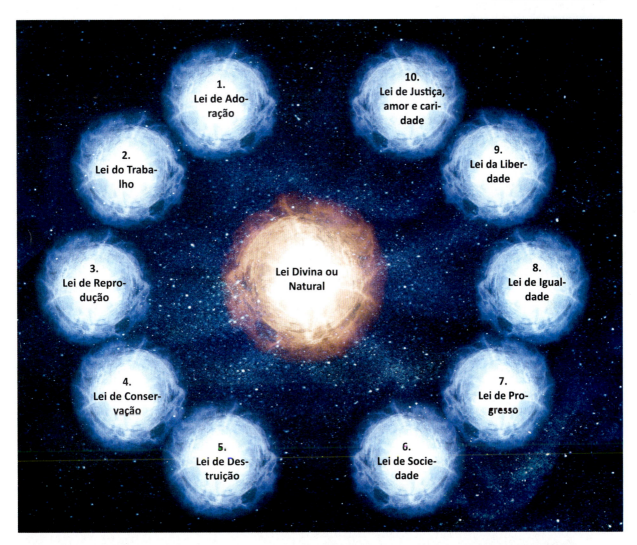

Lei Divina ou Natural

1. Lei de Adoração
2. Lei do Trabalho
3. Lei de Reprodução
4. Lei de Conservação
5. Lei de Destruição
6. Lei de Sociedade
7. Lei de Progresso
8. Lei de Igualdade
9. Lei da Liberdade
10. Lei de Justiça, amor e caridade

662. Pode-se, com utilidade, orar por outrem?
"O Espírito de quem ora atua pela sua vontade de praticar o bem. Atrai a si, mediante a prece, os bons Espíritos, e estes se associam ao bem que deseje fazer."

663. Podem as preces, que por nós mesmos fizermos, mudar a natureza das nossas provas e desviar-lhes o curso?
"As vossas provas estão nas mãos de Deus, e algumas há que têm de ser suportadas até o fim; mas, Deus sempre leva em conta a resignação. A prece traz para junto de vós os bons Espíritos e, dando-vos estes a força de suportá-las corajosamente, menos rudes elas vos parecem. Temos dito que a prece nunca é inútil, quando bem-feita, porque fortalece aquele que ora, o que já constitui grande resultado."

CAPÍTULO 6

"Os Espíritos hão dito sempre: A forma nada vale, o pensamento é tudo. Ore, pois, cada um segundo suas convicções e da maneira que mais o toque. Um bom pensamento vale mais do que grande número de palavras com as quais nada tenha o coração."[65]

683. Qual o limite do trabalho?
"O das forças. Em suma, a esse respeito Deus deixa inteiramente livre o homem."

1. LEI DE ADORAÇÃO

649. Em que consiste a adoração?
"Na elevação do pensamento a Deus. Deste, pela adoração, aproxima o homem sua alma."

Origina-se de um sentimento inato como o da existência de Deus. A consciência da sua fraqueza leva o homem a curvar-se diante daquele que o pode proteger.

A adoração verdadeira é do coração. Em todas as vossas ações, lembrai-vos sempre de que o Senhor tem sobre vós o seu olhar.

660. A prece torna melhor o homem?
"Sim, porquanto aquele que ora com fervor e confiança se faz mais forte contra as tentações do mal, e Deus lhe envia bons Espíritos para assisti-lo. É este um socorro que jamais se lhe recusa, quando pedido com sinceridade."

2. LEI DO TRABALHO

674. A necessidade do trabalho é lei da Natureza?
"O trabalho é lei da Natureza, por isso mesmo que constitui uma necessidade, e a civilização obriga o homem a trabalhar mais, porque lhe aumenta as necessidades e os gozos."

Tudo na Natureza trabalha. Como tu, trabalham os animais, mas o trabalho deles, de acordo com a inteligência de que dispõem, limita-se a cuidarem da própria conservação. A natureza do trabalho está em relação com a natureza das necessidades. Quanto menos materiais são estas, menos material é o trabalho. Mas não deduzais daí que o homem se conserve inativo e inútil. A ociosidade seria um suplício, em vez de ser um benefício.

3. LEI DE REPRODUÇÃO

686. É lei da Natureza a reprodução dos seres vivos?
"Evidentemente. Sem a reprodução, o mundo corporal pereceria."

687. Indo sempre a população na progressão crescente que vemos, chegará tempo em que seja excessiva na Terra?
"Não, Deus a isso provê e mantém sempre o equilíbrio. Ele coisa alguma inútil faz. O homem, que apenas vê um canto do quadro da Natureza, não pode julgar da harmonia do conjunto."

695. Será contrário à lei da Natureza o casamento, isto é, a união permanente de dois seres?
"É um progresso na marcha da Humanidade."

696. Que efeito teria sobre a sociedade humana a abolição do casamento?
"Seria uma regressão à vida dos animais."

"O Espiritismo se tornará crença comum e marcará nova era na história da Humanidade, porque está na Natureza e chegou o tempo em que ocupará lugar entre os conhecimentos humanos. Terá, no entanto, que sustentar grandes lutas, mais contra o interesse do que contra a convicção, porquanto não há como dissimular a existência de pessoas interessadas em combatê-lo, umas por amor-próprio, outras por causas inteiramente materiais. Porém, como virão a ficar insulados, seus contraditores se sentirão forçados a pensar como os demais, sob pena de se tornarem ridículos."[66]

82

4. LEI DE CONSERVAÇÃO

702. É lei da Natureza o instinto de conservação?

"Sem dúvida. Todos os seres vivos o possuem, qualquer que seja o grau de sua inteligência. Nuns, é puramente maquinal, raciocinado em outros."

703. Com que fim outorgou Deus a todos os seres vivos o instinto de conservação?

"Porque todos têm que concorrer para cumprimento dos desígnios da Providência. Por isso foi que Deus lhes deu a necessidade de viver. Acresce que a vida é necessária ao aperfeiçoamento dos seres. Eles o sentem instintivamente, sem disso se aperceberem."

711. O uso dos bens da Terra é um direito de todos os homens?

"Esse direito é consequente da necessidade de viver. Deus não imporia um dever sem dar ao homem o meio de cumpri-lo."

5. LEI DE DESTRUIÇÃO

728. É lei da Natureza a destruição?

"Preciso é que tudo se destrua para renascer e se regenerar. Porque, o que chamais destruição não passa de uma transformação, que tem por fim a renovação e melhoria dos seres vivos."

731. Por que, ao lado dos meios de conservação, colocou a Natureza os agentes de destruição?

"É o remédio ao lado do mal. Já dissemos: para manter o equilíbrio e servir de contrapeso."

742. Que é o que impele o homem à guerra?

"Predominância da natureza animal sobre a natureza espiritual e transbordamento das paixões."

No estado de barbárie, os povos um só direito conhecem – o do mais forte. Por isso é que, para tais povos, o de guerra é um estado normal.

760. Desaparecerá algum dia, da legislação

"O estado de natureza é o da união livre e fortuita dos sexos. O casamento constitui um dos primeiros atos de progresso nas sociedades humanas, porque estabelece a solidariedade fraterna e se observa entre todos os povos, se bem que em condições diversas."[67]

710. Nos mundos de mais apurada organização, têm os seres vivos necessidade de alimentar-se?
"Têm, mas seus alimentos estão em relação com a sua natureza. Tais alimentos não seriam bastante substanciosos para os vossos estômagos grosseiros; assim como os deles não poderiam digerir os vossos alimentos."

humana, a pena de morte?

"Incontestavelmente desaparecerá, e a sua supressão assinalará um progresso da Humanidade.

Quando os homens estiverem mais esclarecidos, a pena de morte será completamente abolida na Terra. Não mais precisarão os homens de ser julgados pelos homens. Refiro-me a uma época ainda muito distante de vós."

743. Da face da Terra, algum dia, a guerra desaparecerá?
"Sim, quando os homens compreenderem a justiça e praticarem a lei de Deus. Nessa época, todos os povos serão irmãos."

744. Que objetivou a Providência, tornando necessária a guerra?
"A liberdade e o progresso."

a) –Desde que a guerra deve ter por efeito produzir o advento da liberdade, como pode frequentemente ter por objetivo e resultado a escravização?
"Escravização temporária, para esmagar os povos, a fim de fazê-los progredir mais depressa."

CAPÍTULO 6

6. LEI DE SOCIEDADE

766. A vida social está na Natureza?

"Certamente. Deus fez o homem para viver em sociedade.

Não lhe deu inutilmente a palavra e todas as outras faculdades necessárias à vida de relação."

770. Que se deve pensar dos que vivem em absoluta reclusão, fugindo ao pernicioso contato do mundo?

"Duplo egoísmo."

Fazer maior soma de bem do que de mal constitui a melhor expiação. Evitando um mal, aquele que por tal motivo se insula cai noutro, pois esquece a lei de amor e de caridade.

"Homem nenhum possui faculdades completas. Mediante a união social é que elas, umas às outras, se completam, para lhe assegurarem o bem-estar e o progresso. Por isso é que, precisando uns dos outros, os homens foram feitos para viver em sociedade e não insulados."[68]

"Sendo o progresso uma condição da natureza humana, não está no poder do homem opor-se-lhe. É uma força viva, cuja ação pode ser retardada, porém não anulada, por leis humanas."[69]

7. LEI DE PROGRESSO

776. Serão coisas idênticas o estado de natureza e a lei natural?

"Não, o estado de natureza é o estado primitivo. A civilização é incompatível com o estado de natureza, ao passo que a lei natural contribui para o progresso da Humanidade."

780.b) – Como é, nesse caso, que, muitas vezes, sucede serem os povos mais instruídos os mais pervertidos também?

"O progresso completo constitui o objetivo. Os povos, porém, como os indivíduos, só passo a passo o atingem. Enquanto não se lhes haja desenvolvido o senso moral, pode mesmo acontecer que se sirvam da inteligência para a prática do mal. A moral e a inteligência são duas forças que com o tempo chegam a equilibrar-se."

8. LEI DE IGUALDADE

803. Perante Deus, são iguais todos os homens?

"Sim, todos tendem para o mesmo fim, e Deus fez suas leis para todos. Dizeis frequentemente: 'O Sol brilha para todos' e enunciais uma verdade maior e mais geral do que pensais."

804. Por que não outorgou Deus as mesmas aptidões a todos os homens?

"Deus criou iguais todos os Espíritos, mas cada um destes vive há mais ou menos tempo e, conseguintemente, têm feito maior ou menor soma de aquisições. A diferença entre eles está na diversidade dos graus da experiência alcançada e da vontade com que obram, vontade que é o livre-arbítrio."

"O Espiritismo contribuirá para o progresso, destruindo o materialismo, que é uma das chagas da sociedade; ele faz que os homens compreendam onde se encontram seus verdadeiros interesses. Deixando a vida futura de estar velada pela dúvida, o homem perceberá melhor que, por meio do presente, lhe é dado preparar o seu futuro. Abolindo os prejuízos de seitas, castas e cores, ensina aos homens a grande solidariedade que os há de unir como irmãos."[70]

9. LEI DA LIBERDADE

825. Haverá no mundo posições em que o homem possa jactar-se de gozar de absoluta liberdade?

"Não, porque todos precisais uns dos outros, assim os pequenos como os grandes."

843. Tem o homem o livre-arbítrio de seus atos?

"Pois que tem a liberdade de pensar, tem igualmente a de obrar. Sem o livre-arbítrio, o homem seria máquina."

851. Haverá fatalidade nos acontecimentos da vida?

"A fatalidade existe unicamente pela escolha que o Espírito fez, ao encarnar, desta ou daquela prova para sofrer."

10. LEI DE JUSTIÇA, AMOR E CARIDADE

873. O sentimento da justiça está na Natureza, ou é resultado de ideias adquiridas?

"Está de tal modo na Natureza, que vos revoltais à simples ideia de uma injustiça. É fora de dúvida que o progresso moral desenvolve esse sentimento, mas não o dá. Deus o pôs no coração do homem. Daí vem que, frequentemente, em homens simples e incultos se vos deparam noções mais exatas da justiça do que nos que possuem grande cabedal de saber."

874. Sendo a justiça uma lei da Natureza, como se explica que os homens a entendam de modos tão diferentes, considerando uns justo o que a outros parece injusto?

"É porque a esse sentimento se misturam paixões que o alteram, como sucede à maior parte dos outros sentimentos naturais, fazendo que os homens vejam as coisas por um prisma falso."

886. Qual o verdadeiro sentido da palavra caridade, como a entendia Jesus?

"Benevolência para com todos, indulgência para as imperfeições dos outros, perdão das ofensas."

"A alta posição do homem neste mundo e o ter autoridade sobre os seus semelhantes são provas tão grandes e tão escorregadias como a desgraça, porque, quanto mais rico e poderoso é ele, tanto mais obrigações tem que cumprir e tanto mais abundantes são os meios de que dispõe para fazer o bem e o mal."[71]

"No pensamento goza o homem de ilimitada liberdade, pois que não há como pôr-lhe peias. Pode-se deter o voo, porém, não aniquilá-lo."[72]

"O primeiro de todos os direitos naturais do homem é o de viver. Por isso é que ninguém tem o de atentar contra a vida de seu semelhante, nem de fazer o que quer que possa comprometer-lhe a existência corporal."[73]

"A Humanidade progride, por meio dos indivíduos que pouco a pouco se melhoram e instruem. Quando estes preponderam pelo número, tomam a dianteira e arrastam os outros. De tempos a tempos, surgem no seio dela homens de gênio que lhe dão um impulso; vêm depois, como instrumentos de Deus, os que têm autoridade e, nalguns anos, fazem-na adiantar-se de muitos séculos."[74]

"A caridade, segundo Jesus, não se restringe à esmola, abrange todas as relações em que nos achamos com os nossos semelhantes, sejam eles nossos inferiores, nossos iguais, ou nossos superiores. Ela nos prescreve a indulgência, porque de indulgência precisamos nós mesmos, e nos proíbe que humilhemos os desafortunados, contrariamente ao que se costuma fazer."[75]

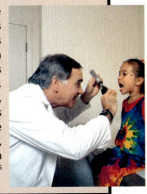

85

CAPÍTULO 6

Mundos Habitados

"Nos mundos onde a existência é menos material do que neste, menos grosseiras são as necessidades e menos agudos os sofrimentos físicos. Lá, os homens desconhecem as paixões más, que, nos mundos inferiores, os fazem inimigos uns dos outros."[76]

Jesus disse: "Há muitas moradas na casa de meu Pai".

A casa do Pai é o Universo. As diferentes moradas são os mundos que circulam no espaço infinito e oferecem, aos Espíritos que neles encarnam, moradas correspondentes ao seu adiantamento.

Em função disso, a conformação física de cada mundo é diferente, e consequentemente, a de seus habitantes. Cada mundo oferece aos seus habitantes condições adequadas e próprias para a vida planetária. As necessidades vitais de um planeta poderão não ser as mesmas e até podem ser opostas.

Do ensino dado pelos Espíritos, resulta que são muito diferentes umas das outras as condições dos mundos, quanto ao grau de adiantamento ou de inferioridade dos seus habitantes. Há mundos ainda inferiores ao nosso planeta Terra, física e moralmente; outros, da mesma categoria que o nosso; e outros que lhe são superiores em todos os aspectos. Embora não se possa fazer uma classificação absoluta dos diversos mundos, Allan Kardec nos propõe uma classificação geral sobre o assunto, para facilitar a nossa compreensão:

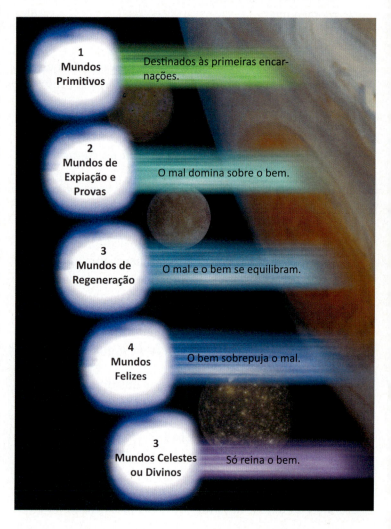

1 - Mundos Primitivos — Destinados às primeiras encarnações.

2 - Mundos de Expiação e Provas — O mal domina sobre o bem.

3 - Mundos de Regeneração — O mal e o bem se equilibram.

4 - Mundos Felizes — O bem sobrepuja o mal.

3 - Mundos Celestes ou Divinos — Só reina o bem.

"Há muitas moradas na casa de meu Pai; se assim não fosse, já eu vo-lo teria dito, pois me vou para vos preparar o lugar. – Depois que me tenha ido e que vos houver preparado o lugar, voltarei e vos retirarei para mim, a fim de que onde eu estiver, também vós aí estejais." (S. João, 14:1 a 3)[77]
Jesus, com esta passagem, estava ensinando o princípio da pluralidade dos mundos habitados de uma maneira clara, para não deixar dúvidas.

86

MUNDOS PRIMITIVOS, destinados às primeiras encarnações da alma humana; a vida, toda material, limita-se à luta pela subsistência; o sentido moral é quase nulo e, por isto, as paixões reinam soberanamente.

MUNDOS DE EXPIAÇÃO E PROVAS, onde domina o mal; resgatam-se dívidas contraídas perante a Lei Divina e passa-se por provas destinadas ao aperfeiçoamento moral.

MUNDOS DE REGENERAÇÃO, onde as almas ainda têm o que expiar, porém, não têm as dores amargas da expiação.

MUNDOS FELIZES, onde o bem sobrepuja o mal; predominam o bem e a justiça. Os povos são fraternos uns com os outros.

MUNDOS CELESTES OU DIVINOS, habitações de Espíritos depurados, onde exclusivamente reina o bem. A felicidade é completa, devido a que todos tenham atingido o cimo da sabedoria e da bondade.

A Terra

O planeta Terra pertence à categoria de expiação e provas, porque nele existe predomínio do mal sobre o bem. Aqui o homem leva uma vida de vicissitudes; por ser ainda imperfeito, há para seus habitantes mais momentos de infelicidade que de alegria. Não obstante, a Terra passará a ser um mundo de regeneração, onde os Espíritos se dedicarão ao bem, mas isto será gradativamente.

A época atual é de transição, em que nosso planeta ascenderá a níveis mais elevados, até atingir a perfeição à qual todos estamos predestinados.

A Caminho da Luz, livro do Espírito Emmanuel, psicografado por Chico Xavier, descreve em síntese a história da Humanidade, sua trajetória evolutiva, as grandes civilizações do passado, e menciona a reencarnação de Espíritos exilados de Capela.

Capela, estrela de cor ouro, é a mais brilhante da Constelação do Cocheiro, distante 42 anos-luz da Terra. A literatura espírita narra que há milhares de anos, com o surgimento da Humanidade, o planeta recebeu a encarnação de diversos seres do cosmos, em destaque os Espíritos exilados de Capela, os quais propiciaram o progresso terrestre.

OS MUNDOS TRANSITÓRIOS
Mundos particularmente destinados aos seres errantes, mundos que lhes podem servir de habitação temporária, espécies de bivaques, de campos onde descansem de uma demasiada longa erraticidade. São, entre os outros mundos, posições intermediárias, graduadas de acordo com a natureza dos Espíritos que a eles podem ter acesso e onde eles gozam de maior ou menor bem-estar. O planeta Terra há pertencido a esta classe durante sua formação.

236. Pela sua natureza especial, os mundos transitórios se conservam perpetuamente destinados aos Espíritos errantes?
"Não, a condição deles é meramente temporária."

a) – Esses mundos são ao mesmo tempo habitados por seres corpóreos?
"Não; estéril é neles a superfície. Os que os habitam de nada precisam."

CAPÍTULO 6

Atividades

1. Complete as frases:

a) Graças ao sono, os Espíritos encarnados estão sempre em relação com ....

b) A prece atrai os ...., e estes se associam ao bem que deseje fazer.

c) O bem é tudo o que é conforme .... o mal, tudo o que lhe é ....

d) O Espiritismo contribuirá para o progresso ...., que é uma das chagas da sociedade.

e) A forma nada vale, ...

2. Relacione:
a) Matrimônio   ..... Eleição da prova antes de encarnar.
b) Caridade   ..... Regra para portar-se bem.
c) Moral   ..... Progresso na marcha da Humanidade.
d) Transição   ..... Benevolência para com todos.
e) Fatalidade   ..... Serve de estação para os Espíritos errantes.

3. Responda:

a) Podem duas pessoas que se conhecem visitar-se durante o sono?

....

b) Qual o limite do trabalho?

....

c) Qual o tipo mais perfeito que Deus tem oferecido ao homem, para lhe servir de guia e modelo?

....

d) A qual categoria de mundo pertence a Terra?

....

e) Qual é o primeiro de todos os direitos naturais do homem?

....

4. Verdadeiro ou Falso.

a) ..... O sono libera parcialmente a alma do corpo.

b) ..... A lei de Deus é a única para a felicidade do homem.

c) ..... Preciso é que tudo se destrua para renascer e se regenerar.

d) ..... O planeta Terra ainda não foi um Mundo de Transição.

e) ..... Nos Mundos de Regeneração, os povos são fraternos uns com os outros.

A solução das atividades está na página 153.

Mensagem Espiritual

eus consola os humildes e dá força aos aflitos que lhe pedem. Seu poder cobre a Terra e, por toda a parte, junto de cada lágrima, colocou Ele um bálsamo que consola. A abnegação e o devotamento são uma prece contínua e encerram um ensinamento profundo.

A sabedoria humana reside nessas duas palavras. Possam todos os Espíritos sofredores compreender essa verdade, em vez de clamarem contra suas dores, contra os sofrimentos morais que neste mundo vos cabem em partilha.

Tomai, pois, por divisa estas duas palavras: *devotamento e abnegação*, e sereis fortes, porque elas resumem todos os deveres que a caridade e a humildade vos impõem.

O sentimento do dever cumprido vos dará repouso ao espírito e resignação.

O coração bate então melhor, a alma se asserena e o corpo se forra aos desfalecimentos, por isso que o corpo tanto menos forte se sente quanto mais profundamente golpeado é o espírito.

O ESPÍRITO DE VERDADE
(Havre, 1863)

Do livro *O Evangelho segundo o Espiritismo*.

CAPÍTULO 7

MEDIUNIDADE

Influência Espiritual
Anjo da Guarda
A Mediunidade
Os Médiuns
Classes de Médiuns
A Proibição de Moisés
Consequências

CAPÍTULO 7

Influência Espiritual

Os Espíritos podem ver tudo o que fazeis, pois que constantemente vos rodeiam. Cada um, porém, só vê aquilo a que dá atenção. Não se ocupam com o que lhes é indiferente.

457. Podem os Espíritos conhecer os nossos mais secretos pensamentos?

"Muitas vezes chegam a conhecer o que desejaríeis ocultar de vós mesmos. Nem atos, nem pensamentos se lhes podem dissimular."

Influem os Espíritos em nossos pensamentos e em nossos atos. Quando um pensamento vos é sugerido, tendes a impressão de que alguém vos fala. Geralmente, os pensamentos próprios são os que acodem em primeiro lugar. Afinal, não vos é de grande interesse estabelecer essa distinção.

464. Como distinguirmos se um pensamento sugerido procede de um bom Espírito ou de um Espírito mau?

"Estudai o caso. Os bons Espíritos só para o bem aconselham. Compete-vos discernir."

465. Com que fim os Espíritos imperfeitos nos induzem ao mal?

"Para que sofrais como eles sofrem."

a) – E isso lhes diminui os sofrimentos?

"Não; mas fazem-no por inveja, por não poderem suportar que haja seres felizes."

Um belo exemplo de como o mundo espiritual se comunica e influencia o nosso foi a mensagem do Anjo Gabriel a Maria de Nazaré, na anunciação de Jesus.

469. Por que meio podemos neutralizar a influência dos maus Espíritos?

"Praticando o bem e pondo em Deus toda a vossa confiança, repelireis a influência dos Espíritos inferiores e aniquilareis o império que desejem ter sobre vós."

459. Influem os Espíritos em nossos pensamentos e em nossos atos?

"Muito mais do que imaginais. Influem a tal ponto que, de ordinário, são eles que vos dirigem."

460. De par com os pensamentos que nos são próprios, outros haverá que nos sejam sugeridos?

"Vossa alma é um Espírito que pensa. Não ignorais que, frequentemente, muitos pensamentos vos acodem a um tempo sobre o mesmo assunto e, não raro, contrários uns aos outros. Pois bem! No conjunto deles, estão sempre de mistura os vossos com os nossos. Daí a incerteza em que vos vedes. É que tendes em vós duas ideias a se combaterem."

Anjos de Guarda

Há Espíritos que se ligam particularmente a um indivíduo para protegê-lo, o irmão espiritual, ao qual chamamos o bom Espírito ou o bom gênio.

490. Que se deve entender por anjo da guarda ou anjo guardião?

"O Espírito protetor, pertencente a uma ordem elevada."

A missão do Espírito protetor é a de um pai com relação aos filhos: a de guiar o seu protegido pela senda do bem, auxiliá-lo com seus conselhos, consolá-lo nas suas aflições, levantar-lhe o ânimo nas provas da vida.

Dedica-se ao indivíduo desde o seu nascimento até a morte e muitas vezes o acompanha na vida espiritual, depois da morte, e mesmo através de muitas existências corpóreas, que mais não são do que fases curtíssimas da vida do Espírito.

496. O Espírito que abandona o seu protegido, que deixa de lhe fazer bem, pode fazer-lhe mal?

"Os bons Espíritos nunca fazem mal. Deixam que o façam aqueles que lhes tomam o lugar. Costumais então lançar à conta da sorte as desgraças que vos acabrunham, quando só as sofreis por culpa vossa."

Há três gradações na proteção e na simpatia dos Espíritos protetores:

"Nem anjos nem demônios são entidades distintas; a criação de seres inteligentes é uma só. Unidos a corpos materiais, constituem a Humanidade que povoa a Terra e as outras esferas habitadas; uma vez libertos do corpo material, constituem o mundo dos Espíritos, que povoam os Espaços."[78]

- *O Espírito protetor*; anjo da guarda, ou bom gênio, é o que tem por missão acompanhar o homem na vida e ajudá-lo a progredir.
- *Os Espíritos familiares*; ligam-se a certas pessoas por laços mais ou menos duráveis.
- *Os Espíritos simpáticos*; são os que se sentem atraídos para o nosso lado por afeições particulares e ainda por uma certa semelhança de gostos e de sentimentos.

O mau gênio é um Espírito imperfeito ou perverso, que se liga ao homem para desviá-lo do bem. Obra, porém, por impulso próprio, e não no desempenho de missão. O homem goza sempre da liberdade de escutar-lhe a voz ou de lhe cerrar os ouvidos. ■

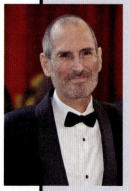

462. É sempre de dentro de si mesmos que os homens inteligentes e de gênio tiram suas ideias?

"Algumas vezes, elas lhes vêm do seu próprio Espírito; porém, de outras muitas, lhes são sugeridas por Espíritos que os julgam capazes de compreendê-las e dignos de vulgarizá-las. Quando tais homens não as acham em si mesmos, apelam para a inspiração. Fazem assim, sem o suspeitarem, uma verdadeira evocação."

CAPÍTULO 7

A Mediunidade

Médiuns	Variedades de Médiuns
Médiuns de Efeitos Físicos Batedores, Tiptólogos, Motores, Translações e de suspensão, Efeitos musicais, Aparições, Transporte, Noturnos, Pneumatógrafos, Curadores, Excitadores. **Médiuns de Efeitos Intelectuais** Audientes, Falantes, Videntes, Inspirados, Pressentimentos, Proféticos, Sonâmbulos, Extáticos, Pintores ou desenhistas, Músicos. **Instrumentos** Vidicom, spiricom, aparelhos de transcomunicação por telefone, rádio, TV, computador, etc.	**Segundo o Modo de Execução** Escreventes ou psicógrafos, Escreventes mecânicos, semi-mecânicos, Intuitivos, Polígrafos, Poliglotas, Iletrados. **Segundo o Desenvolvimento da Faculdade** Novatos, Improdutivos, Feitos ou formados, Lacônicos, Explícitos, Experimentados, Maleáveis, Exclusivos, Para evocação, Para ditados espontâneos. **Segundo o Gênero e a Particularidade das Comunicações** Versejadores, Poéticos, Positivos, Literários, Incorretos, Historiadores, Científicos, Receitistas, Religiosos, Filósofos e moralistas, e de Comunicações triviais e obscenas. **Segundo as Qualidades Físicas do Médium** Médiuns Calmos, velozes, convulsivos. **Segundo as Qualidades Morais do Médium** Obsidiados, Fascinados, Subjugados, Levianos, Indiferentes, Presunçosos, Orgulhosos, Suscetíveis, Mercenários, Ambiciosos, De má-fé, Egoístas e Invejosos. **Bons Médiuns** Sérios, Modestos, Devotados e Seguros.

A mediunidade é uma faculdade existente na criatura humana por meio da qual os Espíritos desencarnados conseguem comunicar-se com os encarnados.

Desde que há homens, há Espíritos, e, se estes conseguem comunicar-se, podem ter conseguido em todos os tempos. As religiões e a história assim o confirmam. A mediunidade, conhecida também como talento, carisma ou dom do Espírito Santo, é uma das faculdades independentes das condições morais do indivíduo; encontra-se nos mais dignos como nos indignos, não acontecendo o mesmo com a preferência que oferecem os bons Espíritos aos médiuns.

A mediunidade, conforme a definiu Allan Kardec, depende de uma organização física mais ou menos apropriada para manifestar-se. ■

A quem pode considerar-se um bom médium?
"A mediunidade não implica necessariamente relações habituais com os Espíritos superiores. É apenas uma aptidão para servir de instrumento mais ou menos dúctil aos Espíritos em geral. O bom médium, pois, não é aquele que comunica facilmente, mas aquele que é simpático aos bons Espíritos e somente deles tem assistência. Unicamente neste sentido é que a excelência das qualidades morais se torna onipotente sobre a mediunidade."[79]

Os Médiuns

Jesus, quando se referiu à mediunidade, recomendou aos discípulos: "Restituí a saúde aos doentes, ressuscitai os mortos, curai os leprosos, expulsai os demônios. Dai gratuitamente o que gratuitamente haveis recebido". (S. Mateus, 10:8)[80] – dando a entender com isto que a mediunidade deve ser gratuita, pois ninguém deverá cobrar por aquilo que recebeu gratuitamente.

A palavra "médium" provém do latim *medium*, e indica precisamente o meio ou ponte de comunicação entre os Espíritos e os homens.

Todos somos médiuns?

Todos somos médiuns porque, em maior ou menor grau, todos estamos sujeitos às influências dos Espíritos e porque transmitimos para o ambiente da matéria os mais variados influxos de nosso Espírito, influenciando aos outros com nossos pensamentos, atos e sentimentos.

Se todos somos médiuns, a quem deve aplicar-se o termo médium?

Denominam-se formalmente médiuns àqueles cuja faculdade está claramente caracterizada e se conhece pelos efeitos de intensidade.

As pessoas que demonstram a sua faculdade em forma ostensiva, em que se percebe nitidamente o fenômeno insólito, algo que lhes domina a mente, a vontade, ou que padecem de perturbações psíquicas, são seres que precisam de um desenvolvimento mediúnico disciplinado e sob a supervisão de pessoas experimentadas.

Qual é a primeira obrigação do médium?

A primeira obrigação é evangelizar-se, inclusive antes de entregar-se às grandes tarefas doutrinárias, pois de outro modo poderá estropiar-se com o personalismo em prejuízo da sua tarefa.

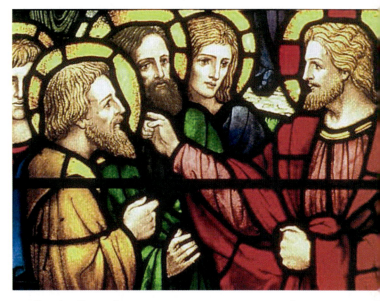

Quais são os fatores que atuam contra o médium?

O primeiro inimigo do médium reside dentro dele mesmo. Frequentemente é o personalismo, a ambição, a ignorância ou a rebeldia no voluntário desconhecimento dos seus deveres à luz do Evangelho, fatores de inferioridade moral que, não raro, o conduzem à invigilância, à leviandade e à confusão em seus propósitos.

Um dos maiores escolhos da mediunidade é a obsessão, ou seja, a influência perniciosa de um Espírito sobre o médium.

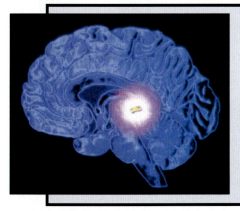

A Glândula Pineal
O Espírito André Luiz, através da psicografia de Chico Xavier, no livro *Missionários da Luz*, considera a glândula pineal como a glândula da vida espiritual do homem. Segregando energias psíquicas, a glândula pineal conserva ascendência em todo o sistema endócrino, sendo ligada à mente através de princípios eletromagnéticos do campo vital, que a ciência comum ainda não pôde identificar.
Localizada no meio do cérebro, na altura dos olhos, vem sendo estudada pelo Dr. Sérgio Felipe de Oliveira, médico e pesquisador do Instituto de Ciências Biomédicas da Universidade de São Paulo, que chegou à seguinte conclusão: "A pineal é um sensor capaz de 'ver' o mundo espiritual e de coligá-lo com a estrutura biológica."[81]

CAPÍTULO 7

Clases de Médiuns

"Os médiuns escreventes: o gênero de mediunidade mais espalhado e, ao mesmo tempo, o mais simples, o mais cômodo, o que dá resultados mais satisfatórios e completos."[82]

Os médiuns podem ser divididos em duas grandes categorias: médiuns de efeitos físicos e médiuns de efeitos intelectuais. Cada uma delas tem uma finalidade específica frente à Humanidade do nosso tempo.

I – MÉDIUNS DE EFEITOS FÍSICOS

São os que têm o poder de provocar efeitos materiais, ou manifestações ostensivas. Seus trabalhos têm a finalidade de chamar a atenção dos incrédulos a respeito da existência dos Espíritos e do mundo invisível.

II – MÉDIUNS DE EFEITOS INTELECTUAIS

Os que são mais aptos a receber comunicações inteligentes, com as quais é possível aprender conceitos morais e filosóficos. Estas manifestações nos ajudam a compreender o mundo invisível e a forma de vida de seus habitantes. Dentro da variedade de médiuns mencionamos os mais comuns.

1) AUDIENTES

Estes ouvem a voz dos Espíritos. Algumas vezes uma voz interior, que se faz ouvir no foro íntimo; doutras vezes, é uma voz exterior, clara e distinta, qual a de uma pessoa viva. Os médiuns audientes podem, assim, travar conversação com os Espíritos.

Esta faculdade é muito agradável, quando o médium só ouve Espíritos bons. Assim, entretanto, já não é, quando um Espírito mau se lhe agarra; pode caracterizar-se numa tenaz obsessão.

2) FALANTES OU DE PSICOFONIA

Neles, o Espírito atua sobre os órgãos da palavra.

Fotos de materializações de Espíritos com a presença de Chico Xavier. Estes fenômenos são produzidos pelos médiuns de efeitos físicos.

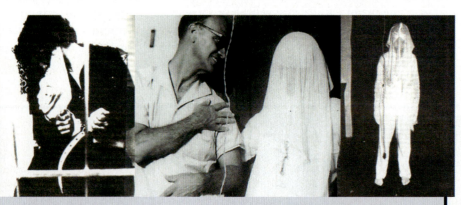

Os Espíritos utilizam uma substância chamada ectoplasma, que extraem do médium pelos orifícios do corpo, para poderem apresentar-se. Por este meio eles se tornam visíveis e geralmente com a aparência da sua última encarnação.

Sócrates
(470-399 a.C)
O filósofo grego tinha um guia espiritual denominado *daemon*, que o acompanhou desde a sua infância, conforme comenta: "Graças ao favor celeste, sou acompanhado por um ser quase divino, cuja voz me desaconselha algumas vezes de empreender qualquer coisa, mas jamais me obriga a executar tal ou qual ação."[83]

Ectoplasma
Substância de origem psíquica, que emana do corpo do médium de efeitos físicos. Por meio desta substância, os Espíritos operam no mundo material. Sem ela não há mecanismos para entrelaçar o plano físico e o espiritual.

Geralmente se exprime sem ter consciência do que diz e muitas vezes diz coisas completamente estranhas às suas ideias habituais, aos seus conhecimentos e, até, fora do alcance de sua inteligência. Embora se ache perfeitamente acordado e em estado normal, raramente guarda lembrança do que diz. Alguns há que têm a intuição do que dizem no momento mesmo em que pronunciam as palavras.

Na mediunidade intuitiva, também denominada natural, o médium expõe com suas próprias palavras o que a espiritualidade quer revelar.

3) VIDENTES

São dotados da faculdade de ver os Espíritos. Alguns gozam dessa faculdade em estado normal, quando perfeitamente acordados, e conservam lembrança precisa do que viram. Outros só a possuem em estado sonambúlico, ou próximo do sonambulismo.

Raro é que esta faculdade se mostre permanente; quase sempre é efeito de uma crise passageira.

Tanto veem com os olhos fechados como com os olhos abertos. Cumpre distinguir as aparições acidentais e espontâneas da faculdade propriamente dita de ver os Espíritos. A faculdade consiste na possibilidade, se não permanente, pelo menos muito frequente de ver qualquer Espírito que se apresente, ainda que seja absolutamente estranho ao vidente.

4) SONAMBÚLICOS

Agem sob a influência do seu próprio Espírito; é sua alma que, nos momentos de emancipação, vê, ouve e percebe, fora dos limites dos sentidos. O que ele externa tira-o de si mesmo; numa palavra, ele vive antecipadamente a vida dos Espíritos.

Muitos sonâmbulos veem perfeitamente os Espíritos e os descrevem com tanta precisão como os médiuns videntes.

Desenho mediúnico da casa de Mozart em Júpiter, elaborado pelo médium Victorien Sardou e publicado na *Revista Espírita* do ano 1858.

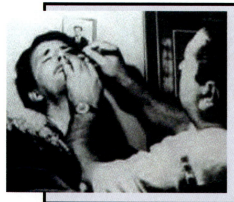

"Médiuns curadores: os que têm o poder de curar ou de aliviar o doente, só pela imposição das mãos, ou pela prece."[84]
A fé, aliada ao magnetismo do médium e ao auxílio dos bons Espíritos, realiza fenômenos de cura.

Os médiuns curadores são classificados como médiuns de efeitos físicos.

CAPÍTULO 7

Francisco Cândido Xavier (Chico Xavier)

Considerado a maior antena entre os dois planos da vida (material e espiritual), Chico Xavier recebeu a seguinte orientação de Emmanuel, seu mentor espiritual:
— Está mesmo disposto a trabalhar na mediunidade com Jesus?
— Sim, se os bons Espíritos não me abandonarem.
— Você não será desamparado, mas, para isso, é preciso que trabalhe, estude e se esforce no bem.
— O senhor acha que estou em condições de aceitar o compromisso?
— Perfeitamente, desde que respeite os três pontos básicos para o serviço. Diante do silêncio do desconhecido, Chico indagou:
— Qual o primeiro ponto?
— Disciplina.
— E o segundo?
— Disciplina.
— E o terceiro?
— Disciplina.[85]

Vejamos agora outra importante orientação sobre a mediunidade: "Lembro-me de que num dos primeiros contatos comigo, ele me preveniu que pretendia trabalhar ao meu lado, por longo tempo, mas que eu deveria, acima de tudo, procurar os ensinamentos de Jesus e as lições de Allan Kardec, e disse mais, que, se um dia, ele, Emmanuel, algo me aconselhasse que não estivesse de acordo com as palavras de Jesus e Kardec, que eu deveria permanecer com Jesus e Kardec, procurando esquecê-lo."[86]

Foi este o caminho que Chico Xavier adotou, com uma vida dedicada ao serviço, à renúncia e à caridade. Chico, com centenas de livros psicografados do Além, tornou-se, pela sua mediunidade cristã, o maior médium espírita de todos os tempos.

Os médiuns pintores realizam telas dos mais célebres artistas com uma velocidade surpreendente e com a técnica característica do pintor, como é o caso do médium Florêncio Anton.

5) ESCREVENTES OU PSICÓGRAFOS

Os que têm a faculdade de escrever por si mesmos sob a influência dos Espíritos. Para esta mediunidade devem tender todos os esforços, porquanto permite que se estabeleçam, com os Espíritos, relações tão continuadas e regulares. É por eles que os Espíritos revelam melhor sua natureza e o grau do seu aperfeiçoamento, ou da sua inferioridade. Eles nos revelam seus mais íntimos pensamentos e nos facultam julgá-los. A faculdade de escrever é, além disso, a mais suscetível de desenvolver-se pelo exercício.

Pintura mediúnica ou pintura dos Espíritos, cujos portadores desta faculdade são definidos por Allan Kardec como aqueles que "desenham ou pintam por influência dos Espíritos". Ressalta-se que só pode ser chamado de médium pintor "ao que obtém produções sérias".[87]

Psicografia especular, lida ao espelho (ver imagem ao lado), é uma variante da psicografia.

Os psicógrafos se dividem em três classes:

A) MECÂNICOS: não têm a menor consciência do que escrevem. Quando atua diretamente sobre a mão, o Espírito lhe dá uma impulsão de todo independente da vontade deste último.

Ela se move sem interrupção. Pode, pois, o Espírito exprimir diretamente suas ideias, quer movimentando um objeto, quer a própria mão.

B) SEMIMECÂNICOS: sentem que à sua mão uma impulsão é dada, mau grado seu, mas, ao mesmo tempo, têm consciência do que escrevem, à medida que as palavras se formam. Nos mecânicos o pensamento vem depois do ato da escrita; nos intuitivos, precede-a; nos semimecânicos, a acompanha-os. São os mais numerosos.

C) INTUITIVOS: têm consciência do que escrevem. Agem como o faria um intérprete; para transmitir o pensamento, precisam compreendê-lo, apropriar-se dele, para traduzi-lo fielmente.

Existem outras variedades de médiuns que aconselhamos estudar em *O Livro dos Médiuns*, no capítulo que trata da sua classificação. ■

Mensagem especular escrita pelo Espírito Léon Denis através do médium Divaldo Franco, em outubro de 2004, durante o 4.º Congresso Espírita Mundial, em Paris.

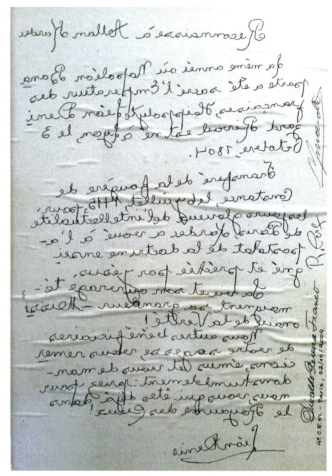

Reconhecimento a Allan Kardec
Tradução – No mesmo ano em que Napoleão Bonaparte foi consagrado Imperador dos franceses, Hippolyte-Léon Denizard Rivail nasceu em Lyon em 3 de outubro de 1804. Transferido da fogueira de Constança, em 6 de julho de 1415, para os dias gloriosos da intelectualidade de Paris, Kardec dedicou-se ao apostolado da Doutrina ensinada e pregada por Jesus. Sua vida e sua obra testemunham sua grandeza – Missionário da Verdade! Nós, os beneficiários da tua sabedoria, agradecemos, emocionados, e pedimos humildemente: ora por nós, tu que já estás no reino dos céus!
Léon Denis.[88]

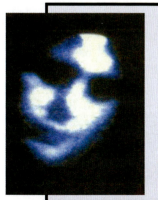

Transcomunicação Instrumental - TCI
Termo criado pelo Prof. Ernest Senkowski (foto), para designar a comunicação com os Espíritos através do uso de aparelhos eletrônicos. Em 1927, o famoso inventor inventor norte-americano Thomas Edison declarou estar investigando um aparelho que lhe permitisse estabelecer contato com o outro mundo. Só em 1959 se obtiveram os primeiros resultados, quando Friedrich Jurgenson gravou acidentalmente as primeiras vozes de Espíritos. Diversos investigadores passaram a estudar os fenômenos como o Professor Konstantin Raudive, que conseguiu gravar mais de 72 mil frases de Espíritos. A transcomunicação é hoje uma realidade, mesmo que em estado experimental, e continua sendo estudada em diversos países, principalmente na Europa e no Brasil.

CAPÍTULO 7

A Proibição de Moisés

Moisés (séculos XIV-XIII a.C.) foi sem dúvida um grande médium da época, e proibiu a mediunidade pelo mau uso que dela era feito.

Por que Moisés proibiu ao povo judeu a comunicação com o plano espiritual?

A proibição feita por Moisés na *Bíblia Sagrada*, Deuteronômio e Levítico, serviu como argumento de algumas seitas para condenar a prática mediúnica.

Ao analisar com profundidade, observaremos a que estava se referindo Moisés.

Em primeiro lugar, se a comunicação com os Espíritos foi proibida, é porque esta era possível, e se a lei mosaica deve ser tão rigorosamente observada neste ponto, forçoso é que o seja igualmente em todos os outros.

Por que seria ela boa no tocante às evocações e má em outras de suas partes? É preciso ser consequente. Desde que se reconheça que a lei mosaica não está mais de acordo com a nossa época e nossos costumes em dados casos, por exemplo, quando trata de apedrejar a mulher adúltera, a mesma razão procede para a proibição de que tratamos.

Demais, é preciso entender os motivos que justificavam essa proibição e que hoje se anularam completamente.

O legislador hebreu queria que o seu povo abandonasse todos os costumes adquiridos no Egito, onde as evocações estavam em uso e facilitavam abusos.

O intercâmbio era grosseiro e prejudicial. Nesse tempo, as evocações tinham por fim a adivinhação, ao mesmo tempo que constituíam comércio, associadas às práticas da magia e do sortilégio, acompanhadas até de sacrifícios humanos.

Moisés tinha razão, portanto, proibindo tais coisas. Mas, hoje, a razão predomina, ao mesmo tempo que o Espiritismo veio mostrar o fim exclusivamente moral, consolador e religioso das relações de além-túmulo.

O próprio Moisés, que proibiu aos hebreus a comunicação com os Espíritos, mil e quatrocentos anos depois se apresentaria a Jesus no Monte Tabor durante a transfiguração, junto com Elias, e nessa oportunidade conversariam ambos com o Mestre.

"A verdade é que o Espiritismo condena tudo que motivou a interdição de Moisés[...]. Uma vez, porém, que os espíritas não oferecem sacrifícios, não interrogam aos adivinhos, não usam insígnias, nem talismãs. [...] Repelir as comunicações de além-túmulo é repudiar o meio mais poderoso de instruir-se, já pela iniciação nos conhecimentos da vida futura, já pelos exemplos que tais comunicações nos fornecem."[89]

Consequências

A prática da mediunidade no Espiritismo não tem como meta somente a produção de fenômenos físicos, destinados a despertar os incrédulos, ou curar enfermidades carnais e espirituais.

As atividades curativas, além de demonstrarem a ação da Misericórdia Divina, servem ainda para alertar o ser humano de que ele é algo mais do que matéria.

Deve despertá-lo para o real sentido da vida, provocando-lhe uma consequência de ordem moral. Frente ao mundo terreno, repleto de interesses imediatistas, o homem busca sua felicidade afogando-se nas ilusões provocadas pela matéria.

Perde-se em paixões transitórias, não atentando para o nobre ideal da vida, que é o aprendizado e o progresso do Espírito como criatura imortal.

A mediunidade é um meio pelo qual os Espíritos superiores apresentam novos conceitos e horizontes mais amplos às pessoas.

Isso lhes renova o ânimo e as esperanças em relação ao futuro.

O contato com o mundo espiritual, através da mediunidade, nos mostra que, pela ação da Lei de Causa e Efeito, colhemos tudo aquilo que plantamos, e que uma vida egoísta e orgulhosa só conduz ao sofrimento, ao passo que uma conduta pautada nas orientações do Evangelho encaminha-nos para um estado de equilíbrio e à verdadeira felicidade. ■

"Todos os homens são médiuns, todos têm um Espírito que os dirige para o bem, quando sabem escutá-lo. Agora, que uns se comuniquem diretamente com ele, valendo-se de uma mediunidade especial; que outros não o escutem senão com o coração e com a inteligência, pouco importa: não deixa de ser um Espírito familiar quem os aconselha.
Chamai-lhe espírito, razão, inteligência; é sempre uma voz que responde à vossa alma, pronunciando boas palavras.
Apenas, nem sempre as compreendeis. [...] Escutai essa voz interior, esse bom gênio, que incessantemente vos fala, e chegareis progressivamente a ouvir o vosso anjo guardião, que do alto dos céus vos estende as mãos.
Repito: a voz íntima que fala ao coração é a dos bons Espíritos, e é deste ponto de vista que todos os homens são médiuns."[90]

101

CAPÍTULO 7

Atividades

1. Complete as frases:

a) Influem os Espíritos em nossos .... e em nossos ....

b) Os bons Espíritos nunca ....; deixam que o façam aqueles que lhes tomam o lugar.

c) O bom médium é aquele que é simpático ....

d) A mediunidade é uma .... independente das condições morais do indivíduo.

e) Um dos maiores escolhos da mediunidade é ....

---

2. Relacione:
a) Vidência   ..... Transmite a comunicação pela escritura.
b) Psicofonia   ..... Capacidade para captar imagens.
c) Psicografia   ..... Faculdade de curar enfermidades.
d) Sonambulismo   ..... Transmite a comunicação pela palavra.
e) Cura   ..... Age sob a influência do seu próprio Espírito.

---

3. Responda:

a) A quem deve aplicar-se o termo médium?

....

b) Por que Moisés proibiu ao povo judeu a mediunidade?

....

c) Quais são as três gradações dos Espíritos protetores?

....

d) Quais são as três condições para a mediunidade?

....

e) Quais são as classes de médiuns psicógrafos?

....

4. Verdadeiro ou Falso.

a) ..... É sempre de dentro de si mesmos que os homens de gênio tiram suas ideias.

b) ..... Os Espíritos podem ver tudo o que fazemos.

c) ..... Moisés proibiu o Espiritismo ao povo hebreu.

d) ..... Existem médiuns de efeitos físicos e de efeitos intelectuais.

e) ..... Os Espíritos conhecem os nossos mais secretos pensamentos.

Mensagem Espiritual

BENEFICÊNCIA EXCLUSIVA

20. É acertada a beneficência, quando praticada exclusivamente entre pessoas da mesma opinião, da mesma crença ou do mesmo partido?

ão, porquanto precisamente o espírito de seita e de partido é que precisa ser abolido, visto que são irmãos todos os homens.

O verdadeiro cristão vê somente irmãos em seus semelhantes e não procura saber, antes de socorrer o necessitado, qual a sua crença, ou a sua opinião, seja sobre o que for.

Obedeceria o cristão, porventura, ao preceito de Jesus Cristo, segundo o qual devemos amar os nossos inimigos, se repelisse o desgraçado, por professar uma crença diferente da sua?

Socorra-o, portanto, sem lhe pedir contas à consciência, pois, se for um inimigo da religião, esse será o meio de conseguir que ele a ame; repelindo-o, faria que a odiasse.

São Luís
(Paris, 1860)

Do livro *O Evangelho segundo o Espiritismo*.

CAPÍTULO 8

OBSESSÃO E PASSE

Noções Elementares
O Que É a Obsessão?
Causas da Obsessão
O Que É o Passe?
Tipos de Passe
Procedimentos
Água Fluidificada

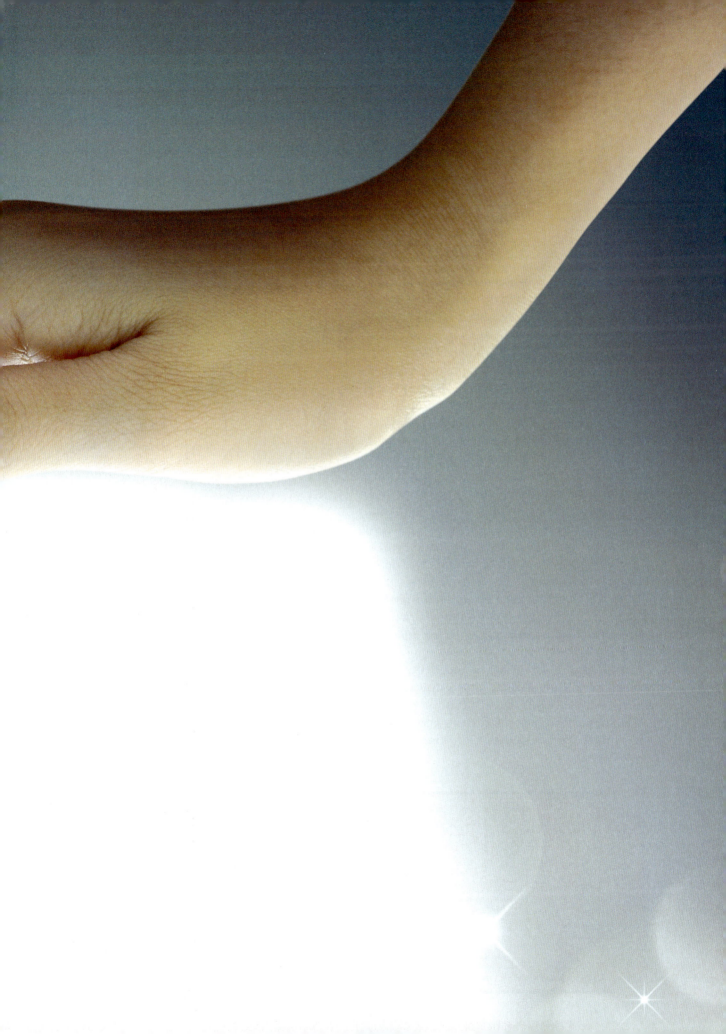

CAPÍTULO 8

Noções Elementares

Os médiuns também podem sofrer obsessão. Kardec classificou esta intervenção em três níveis.

Os Espíritos imperfeitos são instrumentos próprios a pôr em prova a fé e a constância dos homens na prática do bem. Como Espírito que és, tens que progredir na ciência do infinito. Daí o passares pelas provas do mal, para chegares ao bem. A missão dos Espíritos superiores consiste em colocar-nos no bom caminho. Desde que influências más sobre nós atuam, é que as atraímos, desejando o mal; porquanto os Espíritos inferiores correm a auxiliar-nos no mal, logo que desejemos praticá-lo. Só quando queremos o mal, podem eles ajudar-nos para a prática do mal. Se formos propensos ao assassínio, teremos em torno de nós uma nuvem de Espíritos a nos alimentarem no íntimo esse pendor. Mas, outros também nos cercarão, esforçando-se por nos influenciarem para o bem, o que restabelece o equilíbrio da balança e nos deixa senhor dos nossos atos.

472. Os Espíritos que procuram atrair-nos para o mal se limitam a aproveitar as circunstâncias em que nos achamos, ou podem também criá-las?

"Aproveitam as circunstâncias ocorrentes, mas também costumam criá-las, impelindo-vos, mau grado vosso, para aquilo que cobiçais.

Assim, por exemplo, um homem encontra no seu caminho, certa quantia. Não penses tenham sido os Espíritos que a trouxeram para ali. Mas eles podem inspirar ao homem a ideia de tomar aquela direção e sugerir-lhe depois a de se apoderar da importância achada, enquanto outros lhe sugerem a de restituir o dinheiro ao seu legítimo dono. O mesmo se dá com relação a todas as demais tentações." ■

A obsessão simples

A pessoa tem consciência de que não obtém nada bom, não fazendo caso da influência do Espírito; este, cansado de não ser ouvido, se retira.

A fascinação

O Espírito que lhe domina, apodera-se da sua confiança até paralisar seu próprio juízo e fazer-lhe julgar sublimes as comunicações mais absurdas. O obsidiado não tem consciência do que acontece.

A subjugação

Chega-se a sofrer uma dominação tamanha, que o Espírito pode levar-lhe às mais ridículas e comprometedoras determinações. Às vezes há um domínio corporal.

"O vocábulo 'possesso', na sua acepção vulgar, supõe a existência de demônios, isto é, de uma categoria de seres maus por natureza, e a coabitação de um desses seres com a alma de um indivíduo, no seu corpo. Pois que, nesse sentido, não há demônios, e que dois Espíritos não podem habitar simultaneamente o mesmo corpo, não há possessos na conformidade da ideia a que esta palavra se acha associada.
O termo possesso, só se deve admitir como exprimindo a dependência absoluta em que uma alma pode achar-se com relação a Espíritos imperfeitos que a subjuguem."[91]

473. Pode um Espírito tomar temporariamente o invólucro corporal de uma pessoa viva, isto é, introduzir-se num corpo animado e obrar em lugar do outro que se acha encarnado neste corpo?
"O Espírito não entra em um corpo como entras numa casa. Identifica-se com um Espírito encarnado, cujos defeitos e qualidades sejam os mesmos que os seus, a fim de obrar conjuntamente com ele. Mas, o encarnado é sempre quem atua, conforme quer, sobre a matéria de que se acha revestido. Um Espírito não pode substituir-se ao que está encarnado, por isso que este terá que permanecer ligado ao seu corpo até ao termo fixado para sua existência material."

475. Pode alguém por si mesmo afastar os maus Espíritos e libertar-se da dominação deles?
"Sempre é possível, a quem quer que seja, subtrair-se a um jugo, desde que com vontade firme o queira."

O Que É a Obsessão?

A obsessão é uma espécie de enfermidade de ordem psíquica e espiritual, que consiste num constrangimento das atividades de um Espírito pela ação de um outro. A influência maléfica de um Espírito obsessor pode afetar a vida mental de uma pessoa, alterando suas emoções e raciocínios, chegando até mesmo a atingir seu corpo físico. A influência espiritual só é qualificada como obsessão quando se observa uma perturbação constante. Se a influência verificada é apenas esporádica, ela não se caracterizará como uma obsessão.

Somente os Espíritos maus e imperfeitos provocam obsessões?

Sim, interferindo na vontade do indivíduo, fazendo com que ele tenha ações contrárias ao seu desejo natural.

A obsessão só se instala na mente do paciente

468. Renunciam às suas tentativas os Espíritos cuja influência a vontade do homem repele?
"Que querias que fizessem? Quando nada conseguem, abandonam o campo. Entretanto, ficam à espreita de um momento propício, como o gato que tocaia o rato."

quando o obsessor encontra fraquezas morais que possam ser exploradas. São pontos fracos que, naturalmente, todos nós temos, pela imperfeição que nos caracteriza. Deste modo, conclui-se que todos estamos sujeitos à obsessão. ∎

469. Por que meio podemos neutralizar a influência dos maus Espíritos?
"Praticando o bem e pondo em Deus toda a vossa confiança, repelireis a influência dos Espíritos inferiores e aniquilareis o império que desejem ter sobre vós. Guardai-vos de atender às sugestões dos Espíritos que vos suscitam maus pensamentos, que sopram a discórdia entre vós outros e que vos insuflam as paixões más. Desconfiai especialmente dos que vos exaltam o orgulho, pois que esses vos assaltam pelo lado fraco. Essa a razão por que Jesus, na oração dominical, vos ensinou a dizer: Senhor! não nos deixes cair em tentação, mas livra-nos do mal."

107

CAPÍTULO 8

A obsessão, como todas as enfermidades, pode ser curada através de tratamentos especializados. Para se tratar essa enfermidade espiritual, são necessários alguns procedimentos terapêuticos:

a) Conscientização – Deve-se conscientizar o paciente da situação de enfermo em que se encontra, para que, com sua força de vontade, possa ajudar-se na cura.

b) Reeducação – É preciso orientar o assistido sobre a necessidade de melhoria de sua conduta na vida diária. Que se esforce para evitar os vícios mais grosseiros e que procure controlar suas más tendências.

c) Evangelização – Enfatizar sempre ao enfermo a necessidade de observar os ensinos morais do Evangelho de Jesus, roteiro seguro para libertação dos males do Espírito. Orientar a necessidade da frequência regular à casa espírita, até que sua enfermidade seja curada ou esteja sob controle.

d) Diálogo com o obsessor – Orientar moralmente o Espírito obsessor nas reuniões mediúnicas, evocando-o através de médiuns preparados para esta tarefa.

e) Reequilíbrio familiar – Sempre que possível, a equipe responsável pelo tratamento do enfermo deverá orientar moralmente sua família, que, quase sempre, está envolvida direta ou indiretamente na problemática obsessiva.

f) Tratamento médico – Nos casos em que o processo obsessivo apresentar-se com grave comprometimento psíquico, o paciente deverá receber assistência de um profissional habilitado, que lhe despenderá os cuidados necessários.

g) Ascendência moral – Para se conseguir bons resultados nas tarefas de desobsessão, é preciso que a equipe de atendimento tenha ascendência moral sobre o Espírito obsessor, e isso só é possível cultivando uma vida moral sadia.

Às pessoas que se encontram dentro de um tratamento de desobsessão é recomendável que frequentem um Centro Espírita, pelo menos até que a sua obsessão esteja sob controle.

Como agem os obsessores?

O Espírito obsessor, conhecendo as fraquezas morais do enfermo, vai aos poucos obtendo acesso à sua área mental, chegando em alguns casos a dominá-lo.

Se a obsessão se intensificar, e não for tratada espiritualmente em tempo hábil, ocorrerá um aumento de afinidade fluídica entre obsessor e obsidiado, o que poderá acarretar o agravamento da enfermidade.

479. A prece é meio eficiente para a cura da obsessão?
"A prece é em tudo um poderoso auxílio. Mas, crede que não basta que alguém murmure algumas palavras, para que obtenha o que deseja. Deus assiste os que obram, não os que se limitam a pedir. É, pois, indispensável que o obsidiado faça, por sua parte, o que se torne necessário para destruir em si mesmo a causa da atração dos maus Espíritos."

Causas da Obsessão

Básicamente, a obsessão tem quatro causas:

A) AS CAUSAS MORAIS

São aquelas provocadas pela má conduta do indivíduo na vida cotidiana. Ao andarmos de mal com a vida e com as pessoas, estaremos sintonizando nossos pensamentos com os Espíritos inferiores e atraindo-os para perto de nós. Desse intercâmbio de influências poderá nascer uma obsessão.

Vícios mundanos, como o cigarro, a bebida em excesso, o cultivo do orgulho, do egoísmo, da maledicência, da violência, da sensualidade doentia e da luxúria poderão ligar-nos a entidades espirituais infelizes.

B) AS CAUSAS RELATIVAS AO PASSADO

São aquelas provenientes do processo de evolução a que todos os Espíritos estão sujeitos.

Nas suas experiências reencarnatórias, por ignorância ou livre-arbítrio, uma entidade pode cometer faltas graves em prejuízo do próximo. Se a desavença entre eles gerar ódio, o desentendimento poderá perdurar por encarnações a fio, despontando nos desafetos brigas, desejos de vingança e perseguição. Casos assim podem dar origem a processos obsessivos tenazes. Desencarnados, malfeitor e vítima continuam a alimentar os sentimentos de rancor de um para com o outro.

C) AS CONTAMINAÇÕES ESPIRITUAIS

Geralmente acontecem quando uma pessoa frequenta ou simplesmente passa por ambientes onde predomina a influência de Espíritos inferiores. Seitas estranhas, em que o ritualismo e o misticismo se fazem presentes; terreiros primitivos, onde se pratica a baixa magia; benzedeiras e mesmo centros espíritas mal orientados são focos onde podem aparecer contaminações obsessivas.

Espíritos atrasados, ligados ao lugar onde a pessoa frequentou ou visitou, envolvem-se na sua vida mental, prejudicando-a.

D) CAUSAS ANÍMICAS OU AUTO-OBSESSÃO

São causadas por uma influência mórbida residente na mente do próprio paciente. Por causa de vícios de comportamento, ele cultiva de forma doentia pensamentos que causam desequilíbrio em sua área emocional. Muitas tendências auto-obsessivas são provenientes de experiências infelizes ligadas às vidas passadas do enfermo. Angústia, depressão, mania de perseguição ou carências inexplicadas podem fazer parte de processos auto-obsessivos. ■

«Os bons Espíritos simpatizam com os homens de bem, ou suscetíveis de se melhorarem. Os Espíritos inferiores com os homens viciosos, ou que podem tornar-se tais. Daí suas afeições, como consequência da conformidade dos sentimentos.» (92)

"Sabendo ser transitória a vida corporal e que as tribulações que lhe são inerentes constituem meios de alcançarmos melhor estado, os Espíritos mais se afligem pelos nossos males devidos a causas de ordem moral, do que pelos nossos sofrimentos físicos, todos passageiros.
Pouco se incomodam com as desgraças que apenas atingem as nossas ideias mundanas, tal qual fazemos com as mágoas pueris das crianças. Vendo nas amarguras da vida um meio de nos adiantarmos, os Espíritos as consideram como a crise ocasional de que resultará a salvação do doente. Compadecem-se dos nossos sofrimentos, como nos compadecemos dos de um amigo. Porém, enxergando as coisas de um ponto de vista mais justo, os apreciam de um modo diverso do nosso. Então, ao passo que os bons nos levantam o ânimo no interesse do nosso futuro, os outros nos impelem ao desespero, objetivando comprometer-nos."[93]

CAPÍTULO 8

O Que É o Passe?

A palavra passe, de origem latina, significa *passar*, isto é, levar de um lugar a outro.

O passe magnético ou imposição de mãos define-se como uma transfusão biopsicoenergética, um ato de socorro fraterno, pelo qual existe uma doação do magnetismo pessoal do doador para o paciente ou receptor, com a finalidade de equilibrar e restabelecer a saúde, no qual se conjugam energias do ser humano e de seu ambiente natural. Qualquer pessoa pode aplicar o passe e, de fato, todos os seres humanos o fazemos constantemente, ainda que sem dar-nos conta disso, como ao dar uma carícia ou um abraço.

Os fluidos curativos são absorvidos pelas pessoas com necessidades por intermédio dos centros vitais, conhecidos na Índia como *chakras*, que são acumuladores e distribuidores de energias, localizados no perispírito.

Estão assim explicadas, teoricamente, as curas realizadas por Jesus e pelos curadores de todos os tempos.

O passe, prática do bem ao próximo, foi empregado por Jesus e difundido pelos seus seguidores.

Quem é o passista?
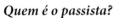

O passista é aquele que ministra o passe. Ser um passista espírita é uma tarefa de grande responsabilidade, pois se trata de ajudar e abençoar as pessoas em nome de Deus. Pessoas carentes e sedentas de melhoria, procuram no centro espírita o recurso do passe como forma de alívio das pressões psicológicas e sustentação para suas forças morais e físicas.

O passe magnético, ou transfusão bioenergética, é uma prática comum entre os espíritas. Antes de dedicar-se às pesquisas dos fenômenos mediúnicos que antecederam o surgimento do Espiritismo, Allan Kardec foi estudioso e praticante do magnetismo. No início de seus contatos com o mundo dos Espíritos, através da mediunidade da menina Ruth Japhet, o Espírito Hahnemann, Pai da Homeopatia, assim como outros, mantiveram com ele contatos ocasionais, instruindo-o.
O mestre de Lyon tinha, entre seus colaboradores, diversos adeptos do magnetismo de várias escolas, e muito se discutia sobre as suas aplicações.

Benefícios do Passe Espírita

Todo espírita praticante, que não simplesmente se deteve na teoria, conhece a importância do passe espírita como poderoso recurso restaurador do equilíbrio psicofísico, eficiente nos mais variados casos.

Já compreendeu e experimentou que neste procedimento de interatividade magnética, mental e emocional, não só existe o impulso bioenergético do médium, como também o de competentes Espíritos qualificados e comprometidos com a prática do bem, assumindo com naturalidade, junto com o médium, o papel que cabe a todo ser de boa vontade em cooperar na grande obra divina.

Nesses preciosos momentos, pequenas maravilhas acontecem, e delas conseguem desfrutar os que foram e continuam sendo beneficiados, tanto na condição de doadores como na de receptores dessas benéficas energias físicas e espirituais.[94]

Que recomendações podem ser dadas aos aspirantes a passistas?

O passista não precisa ser um santo, mas necessita esforçar-se na melhoria íntima e no aprendizado intelectual; deve procurar viver uma vida sadia, tanto física quanto moralmente para oferecer um bom serviço.

O uso do cigarro e da bebida devem ser evitados, e também o consumo de alimentos em demasia, principalmente no dia do passe.

Como o passista doa de si uma parte dos fluidos que vão fortalecer o lado material e espiritual do necessitado, esses fluidos precisam estar limpos de vibrações deletérias oriundas de vícios.

No aspecto mental, o passista deve cultivar bons pensamentos no seu dia a dia.

O orgulho, o egoísmo, a maledicência, a sensualidade exagerada e a violência nas atitudes devem ser combatidos constantemente.

A Espiritualidade superior associa equipes de Benfeitores aos trabalhadores que se esforçam, multiplicando-lhes a capacidade de serviço.

A fé racional e a certeza do amparo dos bons Espíritos são sentimentos que devem estar presentes no coração de todos os passistas.

É fundamental, no trabalho de passe, doar-se com sinceridade à tarefa sob sua responsabilidade, vendo em todo sofredor uma alma carente de amparo e orientação.

O passista não deve ter preferência por quem quer que seja. Seu auxílio deve ser igualmente distribuído a todas as criaturas. As elevadas condições morais do passista são fundamentais para que ele consiga obter um resultado satisfatório no serviço do passe. ■

"Fé, amor ao próximo, disciplina, vontade, conhecimento, equilíbrio psíquico, humildade, devoção e abnegação são algumas das condições básicas para o exercício do passe espírita".[95]

Samuel Hahnemann

O "Apóstolo da Medicina Espiritual" foi chamado "Pai da Homeopatia". A homeopatia é a prática médica de curar os semelhantes com os semelhantes (do grego *homois* = similares ou semelhantes, e *pathos* =doenças). Os princípios homeopáticos mantêm similitude com os benefícios do passe e da água fluidificada.

CAPÍTULO 8

Tipos de Passe

"O Espiritismo e o magnetismo nos dão a chave de uma imensidade de fenômenos sobre os quais a ignorância teceu um sem-número de fábulas, em que os fatos se apresentam exagerados pela imaginação."[96]

Os passes podem ser classificados em três categorias:

A) PASSE MAGNÉTICO – É o tipo de passe em que a pessoa doa apenas seus fluidos, utilizando a força magnética existente no próprio corpo espiritual. Pelo menos em tese, qualquer criatura pode ministrá-lo. Suas qualidades variam segundo a condição moral do passista, sua capacidade de doar fluidos e seu desejo sincero de amparar o próximo. No passe magnético, geralmente se recebe assistência espiritual. Como vimos, isso acontece porque os Espíritos superiores sempre ajudam aqueles que, imbuídos de boa vontade, atendem aos mais carentes.

B) PASSE ESPIRITUAL – É uma espécie de magnetização feita pelos bons Espíritos, sem intermediários, diretamente no perispírito das pessoas enfermas ou perturbadas. No passe espiritual, o necessitado não recebe fluidos magnéticos de médiuns, mas outros, mais finos e puros, trazidos dos planos superiores da Vida pelo Espírito que veio assisti-lo. Pelo fato de não estar misturado ao fluido animalizado, o passe espiritual é bem mais limitado que as outras modalidades de passes.

Com isso, podem-se compreender os recursos oferecidos nas reuniões públicas de Espiritismo.

C) PASSE MAGNÉTICO-ESPIRITUAL OU MISTO – É uma modalidade de passe em que se misturam os fluidos do passista com os dos bons Espíritos. A combinação é muito maior do que no passe magnético, e seus efeitos, bem mais salutares.

Geralmente, é este o tipo de passe aplicado nos centros espíritas.

"Oficialmente, a Doutrina Espírita não prescreve uma metodologia para o passe. Cada grupo é livre para se posicionar de um modo ou de outro, desde que sem exageros. O que é preciso levar em conta é que nenhuma das duas formas de aplicar o passe surtirá efeito se o médium não tiver dentro de si a vontade de ajudar e condições morais salutares para concretizá-la. Mesmo que se aplique a melhor metodologia, não se conseguirão bons resultados se o passista for pessoa de má índole."[97]

Cura à distância

O poder desta energia benéfica emanada pelo médium de cura não é afetado pela distância. Em certo experimento, o Dr. Miller pediu à Dra. Worral que visualizasse por cinco minutos, o crescimento de uma planta localizada a 600 milhas de distância. A planta estava conectada a um aparelho desenvolvido pelo Ministério de Agricultura Americano para medir índices de crescimento das plantas. A taxa de crescimento que mostrou a planta em questão estava estabilizada em 0,00625 polegadas por hora. Às 9 horas da noite, quando a Dra. Worral começou a emitir energia, o registro do traçado passou a marcar um crescimento, e, até as 8 horas da manhã seguinte, a planta manifestou um crescimento 830% maior que o esperado. A conclusão dos pesquisadores foi que a energia emitida pelo sensitivo pode produzir manifestações visíveis no mundo físico, mesmo que sejam geradas à distância.[98]

Procedimentos

Como aplicar o passe?

A terapia do passe, como recurso natural que é, deve ser praticada com simplicidade, sem dramatizações nem gestos remanescentes ao ritual; simplicidade é indicativo de seriedade.

O tempo de cada aplicação não deve estender-se demasiado; pode oscilar de 1 a 5 minutos, segundo seja o caso.

O paciente sob prescrição médica deve continuar seu tratamento até que o médico indique; o magnetizador não compete com o médico nem o substitui; pelo contrário, pode ajudar, potencializando os efeitos dos medicamentos.

Como se deve iniciar o passe?

Durante vários minutos, previamente à aplicação do passe, o passista deve concentrar-se, afastando da sua mente ideias estranhas à tarefa que está por realizar, focando unicamente no firme desejo de oferecer amor e ajuda ao paciente.

Fotos Kirlian
Fotografia que registra as cores da aura, campos energéticos que envolvem todos os seres materiais e os seres animados. Depois do passe, a nossa aura tende a obter cores e formas mais harmoniosas.

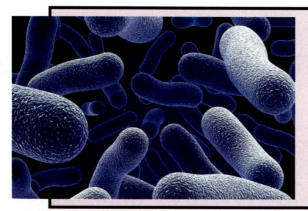

Acelerando o crescimento e a mobilidade de bactérias

Entre inúmeros experimentos realizados com enzimas, hemoglobina, bactérias, fungos, plantas, água, etc., vale a pena mencionar os do Dr. Robert Miller, engenheiro químico, e os da Dra. Elizabeth Rauscher, especialista em Medicina Nuclear. Ambos trabalharam com os curadores Dr. Alex Tanous e Dra. Olga Worrall. Experimentos comprovaram que a imposição de mãos sobre cultivos de bactérias acelerou seu crescimento e mobilidade, ainda com a presença de inibidores de crescimento como a tetraciclina e o cloranfenicol, ou inibidores de movimento como o fenol.[99]

113

CAPÍTULO 8

O passe é uma transfusão de energias universais, seja entre desencarnados ou encarnados. Constitui-se em valoroso auxiliar para ser utilizado no tratamento de doenças no longo prazo, em crises bruscas e repentinas de dor e no combate às chamadas "doenças-fantasmas."[100]

As pessoas que recebem passes devem permanecer em estado de tranquilidade e com a mente colocada em pensamentos positivos, fazendo uma prece. Esta disposição mental ajudará na absorção do fluido magnético.

A solicitude de Assistência Espiritual

Se bem o passe esteja baseado na exteriorização da força magnética do homem, nunca deve dispensar-se a participação dos amigos espirituais, entidades amorosas e sábias que desejam somar-se no processo de cura, sendo conveniente que o passista ore ao Alto, solicitando proteção e colaboração.

Receberá assim eflúvios benévolos das fontes puras da espiritualidade superior, atuando como acumulador, transformador e distribuidor de energias para com o assistido. Importantíssimo é manter-se em sintonia com os amigos espirituais, que nos inspiram e sugerem ideias positivas sobre o tratamento, somando a ele seus próprios recursos magnéticos.

O passe, por ser um ato de amor e solidariedade, deve ser dado sem se esperar retribuição alguma, o que vale dizer, simplesmente pelo desejo de ajudar. Adicionalmente, o passe é essencial nos tratamentos de desobsessão, pois equilibra o paciente das influências de Espíritos perturbadores.

Onde se deve aplicar os passes?

É recomendável um local específico, que ofereça um bom ambiente mental e espiritual.

Se bem pode dar-se em qualquer lugar e horário, convém que a sua aplicação seja em dias e horas determinados dentro da Casa Espírita, para uma boa coordenação entre os passistas e os trabalhos do Centro Espírita. ■

"A mudança das propriedades da água, por obra da vontade dos Espíritos, é elaborada por meio do fluido magnético produzindo um fenômeno análogo com os fluidos do organismo com efeito curativo."[101]

Os Centros de Força ou *Chakras*

A Codificação Espírita não menciona os centros de força, embora, o Espírito André Luiz os mencione nos seus livros.

A teoria dos *Chakras*, palavra de origem sânscrita, nasceu na Índia, e refere-se aos "vórtices" ou centros de energia do perispírito, que se encontram nas regiões correspondentes aos plexos do corpo. Têm sido estudados na Índia, principalmente, e identificados como os receptores de energia vital de nosso organismo.

Ligados aos plexos nervosos, os sete *chakras* são: Coronário, Frontal, Laríngeo, Cardíaco, Solar, Esplênico e Genésico ou *Kundalineo*.

Ao tomar um passe, estes centros se revitalizam e, por consequência, existe uma melhora em quem os recebe.

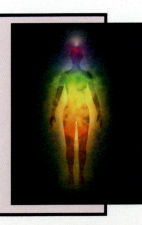

Imagens de moléculas de água cristalizadas e fotografadas com aparelhos sofisticados e rigor científico, pelo Professor Masaru Emoto, que submeteu a água a música, palavras faladas, escritura, preces e sob os mais variados tipos de sentimento.
(Fotos da esquerda para a direita: Aldoph Hitler, Amor, Obrigado e Moléculas com as palavras "faça" e "vamos fazer".)

Água
Fluidificada

O passe pode ser complementado com a água fluidificada ou magnetizada, a qual é energizada pelos amigos espirituais. Ela é de grande valor, mesmo nos casos em que não se dispõe de passistas.

A água é fluidificada ou magnetizada pelos Espíritos superiores, em atendimento à nossa prece, e tem sido utilizada como medicamento, apresentando ótimos resultados.

No livro *O Consolador*, o Espírito Emmanuel afirma: "a água pode ser fluidificada, de modo geral, em benefício de todos; todavia, pode sê-lo em caráter particular para determinado enfermo, e, neste caso, é conveniente que o uso seja pessoal e exclusivo".

A água energetizada ou fluidificada ao ser ingerida, é assimilada pelo organismo, que absorve a quintessência (matéria da dimensão espiritual), e esta atuará no perispírito de modo semelhante ao remédio homeopático.

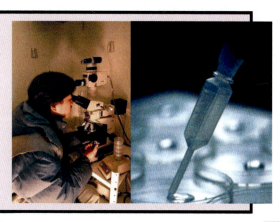

O trabalho do pesquisador japonês Masaru Emoto (foto) é surpreendente. Durante oito anos, ele e a sua equipe cristalizaram e fotografaram moléculas de água em várias partes do mundo.
As amostras foram extraídas de rios, lagos, chuva, neve, e submetidas às vibrações de pensamentos, sentimentos, palavras, ideias e músicas. O mais admirável é que foi possível registrar em imagens a reação das moléculas de água a esses estímulos, tanto os positivos como os negativos.

CAPÍTULO 8

Atividades

1. Complete as frases:

a) Somente os Espíritos maus e imperfeitos provocam ....

b) O passe, por ser um ato de .... e ....
deve ser dado sem se esperar retribuição alguma.

c) O passe foi empregado por Jesus e difundido pelos ....

d) Existem três tipos de passes: .... , ... e ....

e) A água fluidificada tem tido ótimos resultados nos tratamentos de ....

---

2. Relacione:
a) Obsessão Simples ..... Imposição de mãos.
b) Água Fluidificada ..... Nível mais suave de obsessão.
c) Fascinação ..... Auxiliar dos passes.
d) Passes ..... Império total do Espírito obsessor.
e) Subjugação ..... O obsidiado tem seu livre-arbítrio paralisado.

---

3. Responda:

a) Quais são os três níveis de obsessão?

....

b) Que espécie de enfermidade é a obsessão?

....

c) Quem é o passista?

....

d) Por que meio podemos neutralizar a influência dos maus Espíritos?

....

e) Quais são as principais causas da obsessão?

....

4. Verdadeiro ou Falso.

a) ..... A prece é meio eficiente para a cura da obsessão.

b) ..... A influência maléfica de um Espírito obsessor pode afetar a vida mental de uma pessoa.

c) ..... A evocação é um remédio terapêutico para a cura da obsessão.

d) ..... A Doutrina Espírita não prescreve uma metodologia para o passe.

e) ..... O passe surtirá efeito, mesmo que o médium não tiver a vontade de ajudar.

A solução das atividades está na página 153.

Mensagem
Espiritual

É necessário que nos convençamos de que esta é a hora. Não amanhã, nem mais tarde.

Este é o momento azado para a nossa entrega. Sem abandonarmos os compromissos a que nos vinculamos, deixemos Jesus tomar conta do nosso coração.

Permitamos que Ele interpenetre nossa vida, e lenta quão suavemente se apposse do nosso ser, produzindo a grande transformação moral que irá facilitar a edificação de um Mundo Novo.

Concluída a tarefa de natureza teórica, debatidos os temas centrais que foram programados para nosso ágape, ide, servidores da fé renovada, com a certeza de que sois os construtores do mundo de amanhã.

Não vos recuseis aos calos nas mãos ante a charrua do dever. Não vos negueis à dedicação total da vossa alma, das vossas horas e dos vossos corpos para que esplenda o Evangelho do reino.

Evitai a discórdia; superai as dificuldades de interpretação; esquecei as antipatias, as diferenças de natureza afetiva. Se não fordes capazes de vos amar, no mesmo ideal, como podereis programar amor àqueles que não concordam convosco?

Formai um todo homogêneo, um todo harmônico, e, com as bases estruturais da Doutrina Espírita, em toda parte interpretada e aplicada, variará cada questão conforme a região.

Sede cristãos! Esta palavra, cristãos, define bem a ética moral da Doutrina, sem desrespeito às outras denominações que vicejam na Terra.

Nós, vossos amigos espirituais, aqui estamos de pé, em intercâmbio convosco, para apressarmos o grande momento da fraternidade universal, para construirmos a civilização justa, onde os fatores de perturbações sociais, econômicas, desapareçam diante da grandeza moral dos postulados avançados.

Ide, servidores da Boa-Nova! Cantai a música da Nova Era.

Se chorardes, sem qualquer masoquismo, transformai as feridas ocultas em condecorações que vos identificarão com o Mestre Divino.

Jesus espera! Demo-nos as mãos, espíritas do Mundo, e construamos a Era Melhor.

Os Espíritos da luz, que estão conosco e aqui se congregam de diferentes partes da Terra, cantam hosanas, a cujas vozes unimos a nossa voz para dizer: Ave Cristo! Aqueles que te amam entregam a sua vida nas tuas mãos para a glória eterna.

Muita paz, meus filhos.

Que o Senhor vos abençoe!

São os votos dos Espíritos-espíritas, e nossos votos,

Bezerra de Menezes

(Mensagem recebida pelo médium Divaldo Pereira Franco, com a qual se encerrou o 1.º Congresso Espírita Mundial, em Brasília, Brasil, em outubro de 1995.)

ANEXO 1

Conheça o Espiritismo

Campanha de Divulgação do Espiritismo, aprovada pelo CEI, em outubro de 1998.

O Conselho Espírita Internacional (CEI) promove a Campanha de Divulgação do Espiritismo através dos folhetos Conheça o Espiritismo e Divulgue o Espiritismo, com o objetivo de conseguir que a Doutrina Espírita seja cada vez mais conhecida e mais bem compreendida pelo público em geral, em todos os lugares.

O conteúdo do folheto Conheça o Espiritismo, está destinado às pessoas de todas as idades, raças, países, e de todos os níveis, condições sociais e culturais, que ainda não conhecem a Doutrina Espírita.

DOUTRINA ESPÍRITA OU ESPIRITISMO

O que é

* É o conjunto de princípios e leis, revelados pelos Espíritos Superiores, contidos nas obras de Allan Kardec, que constituem a Codificação Espírita: *O Livro dos Espíritos*, *O Livro dos Médiuns*, *O Evangelho segundo o Espiritismo*, *O Céu e o Inferno* e *A Gênese*.

* "O Espiritismo é uma ciência que trata da natureza, origem e destino dos Espíritos, bem como de suas relações com o mundo corporal." (*Allan Kardec, O Que é o Espiritismo* – Preâmbulo)

"O Espiritismo realiza o que Jesus disse do Consolador prometido: conhecimento das coisas, fazendo que o homem saiba donde vem, para onde vai e por que está na Terra; atrai para os verdadeiros princípios da lei de Deus e consola pela fé e pela esperança." (*Allan Kardec, O Evangelho segundo o Espiritismo* – cap. VI – 4)

O que revela

* Revela conceitos novos e mais aprofundados a respeito de Deus, do Universo, dos Homens, dos Espíritos e das Leis que regem a vida.

* Revela, ainda, o que somos, de onde viemos, para onde vamos, qual o objetivo da nossa existência e qual a razão da dor e do sofrimento.

Sua abrangência

* Trazendo conceitos novos sobre o homem e tudo o que o cerca, o Espiritismo toca em todas as áreas do conhecimento, das atividades e do comportamento humano, abrindo

> DEUS,
> a inteligência suprema,
> causa primeira de todas as coisas.
>
> JESUS,
> o guia e modelo.
>
> KARDEC,
> a base fundamental.

120

uma nova era para a regeneração da Humanidade.

* Pode e deve ser estudado, analisado e praticado em todos os aspectos fundamentais da vida, tais como: científico, filosófico, religioso, ético, moral, educacional e social.

Seus ensinos fundamentais

* Deus é a inteligência suprema, causa primeira de todas as coisas. É eterno, imutável, imaterial, único, onipotente, soberanamente justo e bom.

* O Universo é criação de Deus. Abrange todos os seres racionais e irracionais, animados e inanimados, materiais e imateriais.

* Além do mundo corporal, habitação dos Espíritos encarnados, que são os homens, existe o mundo espiritual, habitação dos Espíritos desencarnados.

* No Universo há outros mundos habitados, com seres de diferentes graus de evolução: iguais, mais evoluídos e menos evoluídos que os homens.

* Todas as leis da Natureza são leis divinas, pois que Deus é o seu autor. Abrangem tanto as leis físicas como as leis morais.

* O homem é um Espírito encarnado em um corpo material. O perispírito é o corpo semimaterial que une o Espírito ao corpo material.

* Os Espíritos são os seres inteligentes da Criação. Constituem o mundo dos Espíritos, que preexiste e sobrevive a tudo.

* Os Espíritos são criados simples e ignorantes. Evoluem, intelectual e moralmente, passando de uma ordem inferior para outra mais elevada, até a perfeição, onde gozam de inalterável felicidade.

* Os Espíritos preservam sua individualidade antes, durante e depois de cada encarnação.

* Os Espíritos reencarnam tantas vezes quantas forem necessárias ao seu próprio aprimoramento.

* Os Espíritos evoluem sempre. Em suas múltiplas existências corpóreas podem estacionar, mas nunca regridem. A rapidez do seu progresso intelectual e moral depende dos esforços que façam para chegar à perfeição.

* Os Espíritos pertencem a diferentes ordens, conforme o grau de perfeição que tenham alcançado: Espíritos Puros, que atingiram a perfeição máxima; Bons Espíritos, nos quais o desejo do bem é o que predomina; Espíritos Imperfeitos, caracterizados pela ignorância, pelo desejo do mal e pelas paixões inferiores.

* As relações dos Espíritos com os homens são constantes e sempre existiram. Os bons Espíritos nos atraem para o bem, sustentam-nos nas provas da vida e nos ajudam a suportá-las com coragem e resignação. Os imperfeitos nos induzem ao erro.

* Jesus é o guia e modelo para toda a Humanidade, e a Doutrina que ensinou e exemplificou é a expressão mais pura da Lei de Deus.

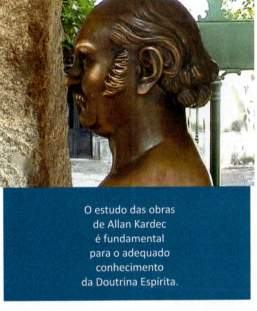

O estudo das obras de Allan Kardec é fundamental para o adequado conhecimento da Doutrina Espírita.

* A moral do Cristo, contida no Evangelho, é o roteiro para a evolução segura de todos os homens. Sua prática é a solução para todos os problemas humanos e o objetivo a ser atingido pela Humanidade.

* O homem tem o livre-arbítrio para agir, mas responde pelas consequências de suas ações.

* A vida futura reserva aos homens penas e gozos compatíveis com o procedimento de respeito ou não à Lei de Deus.

* A prece é um ato de adoração a Deus. Está na lei natural e é o resultado de um sentimento inato no homem, assim como é inata a ideia da existência do Criador.

* A prece torna melhor o homem. Aquele que ora com fervor e confiança se faz mais forte contra as tentações do mal, e Deus lhe envia bons Espíritos para assisti-lo. É este um socorro que jamais se lhe recusa, quando pedido com sinceridade. ■

CONSELHO ESPÍRITA INTERNACIONAL – CEI. *Conheça o Espiritismo, uma nova era para a Humanidade*: Folhetos da Campanha de divulgação do Espiritismo. Brasília: CEI, 1998.

ANEXO 2

"Há no homem alguma coisa mais, além das necessidades físicas: há a necessidade de progredir. Os laços sociais são necessários ao progresso, e os de família, mais apertados, tornam-se os primeiros. Eis por que os segundos constituem uma lei da Natureza. Quis Deus que, por essa forma, os homens aprendessem a amar-se como irmãos."
(Allan Kardec, O Livro dos Espíritos, pergunta 774)

Evangelho
no Lar

Entende-se por Evangelho no Lar a reunião da família, em dia e hora previamente marcados, para o estudo do Evangelho e a oração em conjunto.

O Evangelho no Lar tem por finalidade:

1. Estudar *O Evangelho segundo o Espiritismo* de maneira sistemática para compreender as lições de Jesus "em espírito e verdade" e aplicá-las no dia a dia.

* Evangelho bem compreendido pode ser mais bem sentido e exemplificado.

2. Criar o hábito do estudo e da oração em família, fortalecendo a amizade e o sentimento de fraternidade que deve existir em cada um e unir a todos.

* Os corações que vibram unidos fortalecem os laços do amor.

3. Criar, no ambiente doméstico, momentos de paz e de compreensão, higienizando o Lar através de pensamentos e sentimentos elevados, o que facilita o amparo dos Mensageiros do Bem, que vêm em nome de Jesus.

* Quando o Cristo entra em casa, o Lar se transforma em templo de Luz.

4. Fortalecer, nos integrantes do Lar, a coragem e a esperança, a alegria e a boa vontade para com todos, necessárias para vencer as dificuldades materiais e espirituais da vida no mundo.

* Vibrações fortificadas no Bem robustecem a alma para as lutas redentoras.

Como realizar o Evangelho no Lar

1. Escolher um dia e uma hora da semana em que seja possível a presença de todos os familiares, ou da maior parte deles, inclusive das crianças.

* Observar rigorosamente o dia e o horário estabelecidos para o Evangelho no Lar.

2. Reunir os familiares e possíveis amigos que estejam presentes em um local da casa onde possam estudar e orar tranquilamente, sem serem interrompidos.

* Nada deve interferir na realização da reunião: nem visitas, nem telefonemas, nem conversas.

3. Colocar um pequeno copo com água para ser fluidificada, para cada pessoa presente.

* Essa água, ingerida, transmitirá fluidos revitalizantes.

"Quando o Evangelho penetra o lar, o coração abre mais facilmente a porta ao Mestre Divino."
(Emmanuel)

4. A reunião poderá ser dirigida pelo responsável, pela família ou por quem ele determinar.

Este escolherá quem fará a prece inicial, quem fará a leitura, quem fará a vibração e quem fará a prece final da reunião.

* Organização nas funções e disciplina darão maior segurança e aproveitamento à reunião.

5. Iniciar a reunião com uma prece curta, simples e espontânea em que o coração, mais que as palavras, pede a presença de Jesus e dos Amigos Espirituais que velam pelo Lar.

* O pensamento bem direcionado atrairá as bênçãos do Alto.

6. Fazer a leitura, em sequência, de um trecho de O Evangelho segundo o Espiritismo. Em seguida, cada participante procurará comentá-lo com simplicidade, buscando a essência do ensinamento evangélico e a sua aplicação na vida diária.

* Cada um deve comentar o trecho que mais o tocou, ou que achou mais bonito e importante, de tal maneira que todos possam falar com simplicidade e sem constrangimentos, para que o assunto fique bem compreendido.

7. Fazer então a oração fraternal com palavras simples. O participante encarregado de fazê-la encaminhará os pensamentos pedindo:

a) proteção para o Lar, afastando as vibrações doentias que por acaso o estejam envolvendo;

b) proteção para os familiares presentes e os ausentes, os amigos, os vizinhos;

c) assistência espiritual a todos os enfermos, para os velhos, para as crianças, para os jovens, para os desencarnados, para os toxicômanos, encarcerados, suicidas e outros;

d) paz para o seu bairro, para sua cidade, para o Brasil, e paz para o mundo todo;

e) vibrações para casos especiais;

f) a fluidificação das águas.

* A vibração de amor é o veículo natural da paz.

8. Fazer a prece final ou de encerramento, com palavras simples de agradecimento a Deus, a Jesus e aos Amigos Espirituais.

CONSELHO ESPÍRITA INTERNACIONAL – CEI.
Revista Espírita: Edição em Espanhol.
N.º 3. Brasília: CEI – US FF, 2004. p. 8.

RECOMENDAÇÕES

* Não permitir conversação menos digna antes, durante ou depois da reunião.

* Não permitir comentários menos edificantes sobre tragédias, pessoas ou religiões.

* Não suspender a reunião por motivo de visitas inesperadas (estas serão convidadas a participar), passeios ou acontecimentos fúteis.

* As crianças presentes serão convidadas a participar das atividades da reunião, com um canto ou poesia de fundo moral elevado, contando uma história ou fazendo uma prece, ou mesmo participando dos comentários, tudo conforme sua idade, capacidade ou possibilidade.

* A reunião deverá ter a duração mínima de 30 minutos e máxima de 1 hora.

ANEXO 3

Credo
Espírita

Os males da Humanidade provêm da imperfeição dos homens; pelos seus vícios é que eles se prejudicam uns aos outros. Enquanto forem viciosos, serão infelizes, porque a luta dos interesses gerará constantes misérias.

Sem dúvida, boas leis contribuem para melhorar o estado social, mas são impotentes para tornar venturosa a Humanidade, porque mais não fazem do que comprimir as paixões ruins, sem as eliminar. Em segundo lugar, porque são mais repressivas do que moralizadoras e só reprimem os mais salientes atos maus, sem lhes destruir as causas.

Aliás, a bondade das leis guarda relação com a bondade dos homens; enquanto estes se conservarem dominados pelo orgulho e pelo egoísmo, farão leis em benefício de suas ambições pessoais. A lei civil apenas modifica a superfície; somente a lei moral pode penetrar o foro íntimo da consciência e reformá-lo.

Reconhecido, pois, que o atrito oriundo do contato dos vícios é que faz infortunados os homens, o único remédio para seus males está em se melhorarem eles moralmente.

Uma vez que nas imperfeições se encontra a causa dos males, a felicidade aumentará na proporção em que as imperfeições diminuírem.

Por melhor que seja uma instituição social, sendo maus os homens, eles a falsearão e lhe desfigurarão o espírito para a explorarem em proveito próprio. Quando os homens forem bons, organizarão boas instituições, que serão duráveis, porque todos terão interesse em conservá-las. A questão social não tem, pois, por ponto de partida a forma de tal ou qual instituição; ela está toda no melhoramento moral dos indivíduos e das massas. Aí é que se acha o princípio, a verdadeira chave da felicidade do gênero humano, porque então os homens não mais cogitarão de se prejudicarem reciprocamente. Não basta se cubra de verniz a corrupção, é indispensável extirpar a corrupção.

O princípio do melhoramento está na natureza das crenças, porque estas constituem o móvel das ações e modificam os sentimentos. Também está nas ideias inculcadas desde a infância e que se identificam com o Espírito; está ainda nas ideias que o desenvolvimento ulterior da inteligência e da razão pode fortalecer, nunca destruir. É pela educação, mais do que pela instrução, que se transformará a Humanidade.

O homem que se esforça seriamente por se melhorar assegura para si a felicidade, já nesta vida.

> «A crença na vida futura é, pois, elemento de progresso, porque estimula o Espírito.»

Além da satisfação que proporciona à sua consciência, ele se isenta das misérias materiais e morais, que são a consequência inevitável das suas imperfeições. Terá calma, porque as vicissitudes só de leve o roçarão. Gozará de saúde, porque não estragará o seu corpo com os excessos. Será rico, porque rico é sempre todo aquele que sabe contentar-se com o necessário.

Terá a paz do espírito, porque não experimentará necessidades fictícias, nem será atormentado pela sede das honrarias e do supérfluo, pela febre da ambição, da inveja e do ciúme. Indulgente para com as imperfeições alheias, menos sofrimentos lhe causarão elas, que, antes, lhe inspirarão piedade e não cólera. Evitando tudo o que possa prejudicar o seu próximo, por palavras e por atos, procurando, ao invés, fazer tudo o que possa ser útil e agradável aos outros, ninguém sofrerá com o seu contato.

Garante a sua felicidade na vida futura, porque, quanto mais ele se depurar, tanto mais se elevará na hierarquia dos seres inteligentes e cedo abandonará esta terra de provações, por mundos superiores, porquanto o mal que haja reparado nesta vida não terá que o reparar em outras existências; porquanto, na erraticidade, só encontrará seres amigos e simpáticos e não será atormentado pela visão incessante dos que contra ele tenham motivos de queixa.

Vivam juntos alguns homens, animados desses sentimentos, e serão tão felizes quanto o comporta a nossa terra.

Ganhem assim, passo a passo, esses sentimentos todo um povo, toda uma raça, toda a Humanidade, e o nosso globo tomará lugar entre os mundos ditosos. Será isto uma utopia, uma quimera? Sê-lo-á para aquele que não crê no progresso da alma; não o será para aquele que crê na sua perfectibilidade indefinida.

O progresso geral é a resultante de todos os progressos individuais; mas, o progresso individual não consiste apenas no desenvolvimento da inteligência, na aquisição de alguns conhecimentos. Nisso mais não há do que uma parte do progresso, que não conduz necessariamente ao bem, pois que há homens que usam mal do seu saber. O progresso consiste, sobretudo, no melhoramento moral, na depuração do Espírito, na extirpação dos maus germens que em nós existem. Esse o verdadeiro progresso, o único que pode garantir a felicidade ao gênero humano, por ser o oposto mesmo do mal. Muito mal pode fazer o homem de inteligência mais cultivada; aquele que se houver adiantado moralmente só o bem fará. É, pois, do interesse de todos o progresso moral da Humanidade.

Mas, que importam a melhora e a felicidade das gerações futuras àquele que acredita que tudo se acaba com a vida? Que interesse tem ele em se aperfeiçoar, em se constranger, em domar suas paixões inferiores, em se privar do que quer que seja a benefício de outrem? Nenhum. A própria lógica lhe diz que seu interesse está em gozar depressa e por todos os meios possíveis, visto que amanhã, talvez, ele nada mais será.

A doutrina do nadismo é a paralisia do progresso humano, porque circunscreve as vistas do homem ao imperceptível ponto da presente existência; porque lhe restringe as ideias e as concentra forçosamente na vida material. Com essa doutrina, o homem nada sendo antes, nem depois, cessando com a vida todas as relações sociais, a solidariedade é vã palavra, a fraternidade uma teoria sem base, a abnegação em favor de outrem mero embuste, o egoísmo, com a sua máxima –cada um por si–, um direito natural; a vingança, um ato de razão; a felicidade, privilégio do mais forte

«É pela educação, mais do que pela instrução, que se transformará a Humanidade.»

125

ANEXO 3

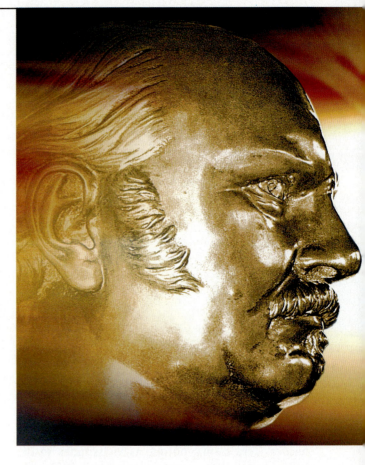

e dos mais astuciosos; o suicídio, o fim lógico daquele que, baldo de recursos e de expedientes, nada mais espera e não pode safar-se do tremedal. Uma sociedade fundada sobre o nadismo traria em si o gérmen de sua próxima dissolução.

Outros, porém, são os sentimentos daquele que tem fé no futuro; que sabe que nada do que adquiriu em saber e em moralidade lhe estará perdido; que o trabalho de hoje dará seus frutos amanhã; que ele próprio fará parte das gerações porvindouras, mais adiantadas e mais ditosas.

Sabe que, trabalhando para os outros, trabalha para si mesmo. Sua visão não se detém na Terra, abrange a infinidade dos mundos que lhe servirão um dia de morada; entrevê o glorioso lugar que lhe caberá, como o de todos os seres que alcançam a perfeição.

Com a fé na vida futura, dilata-se-lhe o círculo das ideias; o porvir lhe pertence; o progresso pessoal tem um fim, uma utilidade real. Da continuidade das relações entre os homens nasce a solidariedade; a fraternidade se funda numa lei da Natureza e no interesse de todos.

A crença na vida futura é, pois, elemento de progresso, porque estimula o Espírito; somente ela pode dar ao homem coragem nas suas provas, porque lhe fornece a razão de ser dessas provas, perseverança na luta contra o mal, porque lhe assina um objetivo. A formar essa crença no espírito das massas é, portanto, o em que devem aplicar-se os que a possuem.

Entretanto, ela é inata no homem. Todas as religiões a proclamam. Por que, então, não deu, até hoje, os resultados que se deviam esperar? É que, em geral, a apresentam em condições que a razão não pode aceitar. Conforme a pintam, ela rompe todas as relações com o presente; desde que tenha deixado a Terra, a criatura se torna estranha à Humanidade: nenhuma solidariedade existe entre os mortos e os vivos; o progresso é puramente individual; cada um, trabalhando para o futuro, unicamente para si trabalha, só em si pensa e isso mesmo para uma finalidade vaga, que nada tem de definido, nada de positivo, sobre que o pensamento se firme com segurança;

> "A Doutrina Espírita marca uma etapa importantíssima no progresso humano; não impõe uma crença, convida ao estudo, depurando a razão e o sentimento e satisfazendo a consciência."

enfim, porque é mais uma esperança que uma certeza material. Daí resulta, para uns, a indiferença; para outros, uma exaltação mística que, isolando da Terra o homem, é essencialmente prejudicial ao progresso real da Humanidade, porquanto negligencia os cuidados que reclama o progresso material, para o qual a Natureza lhe impõe o dever de contribuir.

Todavia, por muito incompletos que sejam os resultados, não deixam de ser efetivos. Quantos homens não se sentiram encorajados e sustentados na senda do bem por essa vaga esperança! Quantos não se detiveram no declive do mal, pelo temor de comprometer o seu futuro! Quantas virtudes nobres essa crença não desenvolveu! Não desdenhemos as crenças do passado, por imperfeitas que sejam, quando conduzem ao bem: elas estavam em correspondência com o grau de adiantamento da Humanidade.

Mas, tendo progredido, a Humanidade reclama crenças em harmonia com as novas ideias. Se os elementos da fé permanecem estacionários e ficam

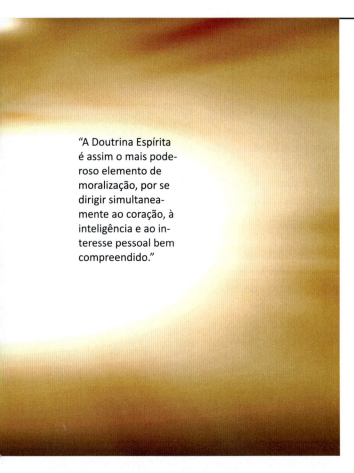

"A Doutrina Espírita é assim o mais poderoso elemento de moralização, por se dirigir simultaneamente ao coração, à inteligência e ao interesse pessoal bem compreendido."

distanciados pelo espírito, perdem toda influência; e o bem que hajam produzido, em certo tempo, não pode prosseguir, porque aqueles elementos já não se acham à altura das circunstâncias.

Para que a doutrina da vida futura doravante dê os frutos que se devem esperar, é preciso, antes de tudo, que satisfaça completamente à razão; que corresponda à ideia que se faz da sabedoria, da justiça e da bondade de Deus; que não possa ser desmentida de modo algum pela Ciência.

É preciso que a vida futura não deixe no espírito nem dúvida, nem incerteza; que seja tão positiva quanto a vida presente, que é a sua continuação, do mesmo modo que o amanhã é a continuação do dia anterior. É necessário seja vista, compreendida e, por assim dizer, tocada com o dedo.

Faz-se mister, enfim, que seja evidente a solidariedade entre o passado, o presente e o futuro, através das diversas existências.

Tal a ideia que da vida futura apresenta o Espiritismo. O que a essa ideia dá força é que ela absolutamente não é uma concepção humana com o mérito apenas de ser mais racional, sem contudo oferecer mais certeza do que as outras.

É o resultado de estudos feitos sobre os testemunhos oferecidos por Espíritos de diferentes categorias, nas suas manifestações, que permitiram se explorasse a vida extracorpórea em todas as suas fases, desde o extremo superior ao extremo inferior da escala dos seres. As peripécias da vida futura, por conseguinte, já não constituem uma simples teoria, ou uma hipótese mais ou menos provável: decorrem de observações. São os habitantes do mundo invisível que vêm, eles próprios, descrever os seus respectivos estados, e há situações que a mais fecunda imaginação não conceberia, se não fossem patenteadas aos olhos do observador.

Ministrando a prova material da existência e da imortalidade da alma, iniciando-nos nos mistérios do nascimento, da morte, da vida futura, da vida universal, tornando-nos palpáveis as inevitáveis consequências do bem e do mal, a Doutrina Espírita, melhor do que qualquer outra, põe em relevo a necessidade da melhoria individual. Por meio dela, sabe o homem donde vem, para onde vai, por que está na Terra; o bem tem um objetivo, uma utilidade prática. Ela não se limita a preparar o homem para o futuro, forma-o também para o presente, para a sociedade.

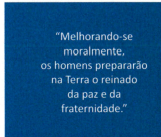

"Melhorando-se moralmente, os homens prepararão na Terra o reinado da paz e da fraternidade."

Melhorando se moralmente, os homens prepararão na Terra o reinado da paz e da fraternidade.

A Doutrina Espírita é assim o mais poderoso elemento de moralização, por se dirigir simultaneamente ao coração, à inteligência e ao interesse pessoal bem compreendido.

Por sua mesma essência, o Espiritismo participa de todos os ramos dos conhecimentos físicos, metafísicos e morais. São inúmeras as questões que ele envolve, as quais, no entanto, podem resumir-se nos pontos seguintes que, considerados verdades inconcussas, formam o programa das crenças espíritas. ■

KARDEC, Allan. Preâmbulo. *Obras Póstumas*. 83. ed. Rio de Janeiro: FEB, 2002. p. 383.

ANEXO 4

"A Mensagem Espírita é uma atualização do Evangelho de Jesus, e Allan Kardec é o excelente discípulo que imitou o Mestre e segue-Lhe os passos com fidelidade, ensinando ao mundo como ser feliz a criatura humana."[102]

Futuro do Espiritismo

15 de abril de 1860
(*Marselha; médium: Sr. Jorge Genouillat*)

O Espiritismo é chamado a desempenhar imenso papel na Terra. Ele reformará a legislação ainda tão frequentemente contrária às leis divinas; retificará os erros da História; restaurará a religião do Cristo, que se tornou, nas mãos dos padres, objeto de comércio e de tráfico vil; instituirá a verdadeira religião, a religião natural, a que parte do coração e vai diretamente a Deus, sem se deter nas franjas de uma sotaina, ou nos degraus de um altar.

Extinguirá para sempre o ateísmo e o materialismo, aos quais alguns homens foram levados pelos incessantes abusos dos que se dizem ministros de Deus, pregam a caridade com uma espada em cada mão, sacrificam às suas ambições e ao espírito de dominação os mais sagrados direitos da Humanidade.

UM ESPÍRITO

KARDEC, Allan. Futuro do Espiritismo. *Obras Póstumas*. 83. ed. Rio de Janeiro: FEB, 2002. Parte II. p. 299.

Projeto 1868

Um dos maiores obstáculos capazes de retardar a propagação da Doutrina seria a falta de unidade. O único meio de evitá-la, senão quanto ao presente, pelo menos quanto ao futuro, é formulá-la em todas as suas partes e até nos mínimos detalhes, com tanta precisão e clareza, que impossível se torne qualquer interpretação divergente.

Se a doutrina do Cristo deu lugar a tantas controvérsias, se ainda agora tão mal compreendida se acha e tão diversamente praticada, é isso devido a que o Cristo se limitou a um ensinamento oral e a que seus próprios apóstolos apenas transmitiram princípios gerais, que cada um interpretou de acordo com suas ideias ou interesses. Se ele houvesse formulado a organização da Igreja cristã com a precisão de uma lei ou de um regulamento, é incontestável que houvera evitado a maior parte dos cismas e das querelas religiosas, assim como a exploração que foi feita da religião, em proveito das ambições pessoais. Resultou que, se o Cristianismo constituiu, para alguns homens esclarecidos, uma causa de séria reforma moral, não foi e ainda não é para muitos senão objeto de uma crença cega e fanática, resultado que, em grande número de criaturas, gerou a dúvida e a incredulidade absoluta.

Somente o Espiritismo, bem entendido e bem compreendido, pode remediar esse estado de coisas e tornar-se, conforme disseram os Espíritos, a grande alavanca da transformação da Humanidade. A experiência deve esclarecer-nos sobre o caminho a seguir. Mostrando-nos os inconvenientes do passado, ela nos diz claramente que o único meio de serem evitados no futuro consiste em assentar o Espiritismo sobre as bases sólidas de uma doutrina positiva que nada deixe ao arbítrio das interpretações. As dissidências que possam surgir se fundirão por si mesmas na unidade principal que se estabeleceria sobre as bases mais racionais, desde que essas bases sejam claras e não vagamente definidas.

> "Se Jesus não houvesse vindo primeiro, não teríamos o Espiritismo depois. Como o Mestre sabia que a Sua mensagem seria desnaturada pelas paixões humanas, alterados os Seus ensinamentos e adaptados aos interesses mesquinhos do imediatismo das criaturas, prometeu que rogaria ao Pai e Ele enviaria o Consolador, para repetir-Lhe as lições, ensinar coisas novas que então não se poderia entender, conforme vem sucedendo."[103]

Também ressalta destas considerações que essa marcha, dirigida com prudência, representa o mais poderoso meio de luta contra os antagonistas da Doutrina Espírita. Todos os sofismas quebrar-se-ão de encontro a princípios aos quais a sã razão nada acharia para opor.

Dois elementos hão de concorrer para o progresso do Espiritismo: o estabelecimento teórico da Doutrina e os meios de a popularizar.

O desenvolvimento cada dia maior, que ela toma, multiplica as nossas relações, que somente tendem a ampliar-se, pelo impulso que lhe darão a nova edição de O Livro dos Espíritos e a publicidade que se fará a esse propósito.

Para utilizarmos de maneira proveitosa essas relações, se, depois de constituída a teoria, eu tivesse de concorrer para sua instalação, necessário seria que, além da publicação de minhas obras, dispusesse de meios para exercer uma ação mais direta. Ora, creio fora conveniente que aquele que fundou a teoria pudesse ao mesmo tempo impulsioná-la, porque então haveria mais unidade. Sob esse aspecto, a Sociedade tem necessariamente que exercer grande influência, conforme o disseram os próprios Espíritos; sua ação, porém, não será, em realidade, eficiente, senão quando ela servir de centro e de ponto de ligação donde parta um ensinamento preponderante sobre a opinião pública. Para isso, faz-se mister uma organização mais forte e elementos que ela não possui. No século em que estamos e tendo-se em vista o estado dos nossos costumes, os recursos financeiros são o grande motor de todas as coisas, quando empregados com discernimento. Na hipótese de que esses recursos, de um modo ou doutro, me viessem às mãos, eis o plano que eu seguiria e cuja execução seria proporcional à importância dos meios e subordinada aos conselhos dos Espíritos.

KARDEC, Allan. Projeto – 1868. *Obras Póstumas*. 83. ed. Rio de Janeiro: FEB, 2002. Parte II. p. 339 - 343.

O Sermão da Montanha

AS BEM-AVENTURANÇAS

1. Jesus, pois, vendo as multidões, subiu ao monte; e, tendo se assentado, aproximaram-se os seus discípulos,

2. E ele se pôs a ensiná-los, dizendo:

3. Bem-aventurados os pobres de espírito, porque deles é o reino dos céus.

4. Bem-aventurados os que choram, porque eles serão consolados.

5. Bem-aventurados os mansos, porque eles herdarão a terra.

6. Bem-aventurados os que têm fome e sede de justiça, porque eles serão fartos.

7. Bem-aventurados os misericordiosos, porque eles alcançarão misericórdia.

8. Bem-aventurados os limpos de coração, porque eles verão a Deus.

9. Bem-aventurados os pacificadores, porque eles serão chamados filhos de Deus.

10. Bem-aventurados os que são perseguidos por causa da justiça, porque deles é o reino dos céus.

11. Bem-aventurados sois vós, quando vos injuriarem e perseguirem e, mentindo, disserem todo mal contra vós por minha causa.

12. Alegrai-vos e exultai, porque é grande o vosso galardão nos céus; porque assim perseguiram aos profetas que foram antes de vós.

As Escrituras Sagradas, Evangelho segundo São Mateus. Material extraído em <http://www.novavoz.org.br/biblia.htm> . Acesso em: 2 nov. 2006.

ANEXO 5

Prática Espírita

* Toda a prática espírita é gratuita, como orienta o princípio moral do Evangelho: "Dai de graça o que de graça recebestes".

* A prática espírita é realizada com simplicidade, sem nenhum culto exterior, dentro do princípio cristão de que Deus deve ser adorado em espírito e verdade.

* O Espiritismo não tem sacerdotes e não adota nem usa em suas reuniões e em suas práticas: altares, imagens, andores, velas, procissões, sacramentos, concessões de indulgência, paramentos, bebidas alcoólicas ou alucinógenas, incenso, fumo, talismãs, amuletos, horóscopos, cartomancia, pirâmides, cristais ou quaisquer outros objetos, rituais ou formas de culto exterior.

* O Espiritismo não impõe os seus princípios. Convida os interessados em conhecê-lo e a submeterem os seus ensinos ao crivo da razão, antes de aceitá-los.

* A mediunidade, que permite a comunicação dos Espíritos com os homens, é uma faculdade que muitas pessoas trazem consigo ao nascer, independentemente da religião ou da diretriz doutrinária de vida que adotem.

* Prática mediúnica espírita só é aquela que é exercida com base nos princípios da Doutrina Espírita e dentro da moral cristã.

* O Espiritismo respeita todas as religiões e doutrinas, valoriza todos os esforços para a prática do bem e trabalha pela confraternização e pela paz entre todos os povos e entre todos os homens, independentemente de sua raça, cor, nacionalidade, crença, nível cultural ou social.

* Reconhece, ainda, que "o verdadeiro homem de bem é o que cumpre a lei de justiça, de amor e de caridade, na sua maior pureza".

CONSELHO ESPÍRITA INTERNACIONAL – CEI.
Divulgue o Espiritismo, uma nova era para a humanidade: Folhetos da Campanha de Divulgação do Espiritismo. Brasília: CEI, 1998

Conhecimento de Si Mesmo

919. Qual o meio prático mais eficaz que tem o homem de se melhorar nesta vida e de resistir à atração do mal?
"Um sábio da antiguidade vo-lo disse: *Conhece-te a ti mesmo*."

a) – *Conhecemos toda a sabedoria desta máxima, porém a dificuldade está precisamente em cada um conhecer-se a si mesmo. Qual o meio de consegui-lo?*

"Fazei o que eu fazia, quando vivi na Terra: ao fim do dia, interrogava a minha consciência, passava revista ao que fizera e perguntava a mim mesmo se não faltara a algum dever, se ninguém tivera motivo para de mim se queixar. Foi assim que cheguei a me conhecer e a ver o que em mim precisava de reforma. Aquele que, todas as noites, evocasse todas as ações que praticara durante o dia e inquirisse de si mesmo o bem ou o mal que houvera feito, rogando a Deus e ao seu anjo de guarda que o esclarecessem, grande força adquiriria para se aperfeiçoar, porque, crede-me, Deus o assistiria. Dirigi, pois, a vós mesmos perguntas, interrogai-vos sobre o que tendes feito e com que objetivo procedestes em tal ou tal circunstância, sobre se fizestes alguma coisa que, feita por outrem, censuraríeis, sobre se obrastes alguma ação que não ousaríeis confessar. Perguntai ainda mais: 'Se aprouvesse a Deus chamar-me neste momento, teria que temer o olhar de alguém, ao entrar de novo no mundo dos Espíritos, onde nada pode ser ocultado?' Gastem alguns minutos para conquistar uma felicidade eterna.

Não trabalhais todos os dias com o fito de juntar haveres que vos garantam repouso na velhice? Não constitui esse repouso o objeto de todos os vossos desejos, o fim que vos faz suportar fadigas e privações temporárias? Pois bem! Que é esse descanso de alguns dias, turbado sempre pelas enfermidades do corpo, em comparação com o que espera o homem de bem? Não valerá este outro a pena de alguns esforços? Sei haver muitos que dizem ser positivo o presente e incerto o futuro. Ora, esta exatamente a ideia que estamos encarregados de eliminar do vosso íntimo, visto desejarmos fazer que compreendais esse futuro, de modo a não restar nenhuma dúvida em vossa alma. Por isso foi que primeiro chamamos a vossa atenção por meio de fenômenos capazes de ferir-vos os sentidos e que agora vos damos instruções, que cada um de vós se acha encarregado de espalhar. Com este objetivo é que ditamos *O Livro dos Espíritos*."

SANTO AGOSTINHO

KARDEC, Allan. *O Livro dos Espíritos*. 83. ed. Rio de Janeiro: FEB, 2002. Parte III. Cap. XII. p. 425-425.

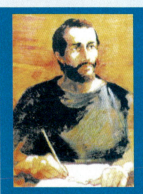

Santo Agostinho
(354-430)
Bispo de Hipona, doutor da Igreja e um dos quatro doutores originais da Igreja Latina. Formou parte da equipe espiritual convocada pelo Espírito de Verdade, para realizar a Codificação Espírita.

Os Obreiros do Senhor

Aproxima-se o tempo em que se cumprirão as coisas anunciadas para a transformação da Humanidade. Ditosos serão os que houverem trabalhado no campo do Senhor, com desinteresse e sem outro móvel, senão a caridade! Seus dias de trabalho serão pagos pelo cêntuplo do que tiverem esperado.

Ditosos os que hajam dito a seus irmãos: "Trabalhemos juntos e unamos os nossos esforços, a fim de que o Senhor, ao chegar, encontre acabada a obra", porquanto o Senhor lhes dirá: "Vinde a mim, vós que sois bons servidores, vós que soubestes impor silêncio aos vossos ciúmes e às vossas discórdias, a fim de que daí não viesse dano para a obra!"

O ESPÍRITO DE VERDADE [104]

"Muitas faltas que cometemos nos passam despercebidas. Se, efetivamente, seguindo o conselho de Santo Agostinho, interrogássemos mais amiúde a nossa consciência, veríamos quantas vezes falimos sem que o suspeitemos, unicamente por não perscrutarmos a natureza e o móvel dos nossos atos. A forma interrogativa tem alguma coisa de mais preciso do que qualquer máxima, que muitas vezes deixamos de aplicar a nós mesmos. Aquela exige respostas categóricas, por um sim ou um não, que não abrem lugar para qualquer alternativa e que não outros tantos argumentos pessoais. E, pela soma que derem as respostas, poderemos computar a soma de bem ou de mal que existe em nós."[105]

ANEXO 6

Frases de Kardec

■ Fé inabalável é somente aquela que pode encarar a razão face a face, em todas as épocas da humanidade.

■ Todo efeito tem uma causa; todo efeito inteligente tem uma causa inteligente; a potência de uma causa está na razão da grandeza do efeito.

■ Sejam quais forem os prodígios realizados pela inteligência humana, esta inteligência tem também uma causa primária. É a inteligência superior a causa primária de todas as coisas, qualquer que seja o nome pelo qual o homem a designe.

■ "Reconhece-se a qualidade dos Espíritos pela sua linguagem; a dos Espíritos verdadeiramente bons e superiores é sempre digna, nobre, lógica, isenta de contradições; respira a sabedoria, benevolência, modéstia e à moral mais pura; é concisa e sem palavras inúteis. Nos Espíritos inferiores, ignorantes, ou orgulhosos, o vazio das ideias é quase sempre compensado pela abundância de palavras. Todo pensamento evidentemente falso, toda máxima contrária à sã moral, todo conselho ridículo, toda expressão grosseira, trivial ou simplesmente frívola, enfim, toda marca de malevolência, de presunção ou de arrogância, são sinais incontestáveis de inferioridade num Espírito."

■ "Reconhece-se o verdadeiro espírita pela sua transformação moral, e pelos esforços que faz para domar as suas más inclinações."

■ "Caminhando de par com o progresso,

Estudo Sistematizado

A necessidade de sistematização do estudo do Espiritismo foi antevista por Allan Kardec, conforme se lê no Projeto 1868, inserido em *Obras Póstumas*, *in verbis*: "Um curso regular de Espiritismo seria professado com o fim de desenvolver os princípios da Ciência e de difundir o gosto pelos estudos sérios [...]. Considero esse curso como de natureza a exercer capital influência sobre o futuro do Espiritismo e sobre suas consequências."[106]

Qual é a importância do Estudo Sistematizado da Doutrina Espírita?

Nas palavras de Kardec, um curso regular de Espiritismo exerceria "capital influência sobre o futuro do Espiritismo e sobre suas consequências". E isso porque, sendo o crivo da razão o princípio básico de aceitação das ideias espíritas, a divulgação do Espiritismo reclamaria a formação de adeptos esclarecidos, que fossem capazes de manter a Doutrina isenta dos erros e dos desvios causados pela ignorância.

O que é o ESDE (Estudo Sistematizado da Doutrina Espírita) e quais são seus objetivos e consequências?

É uma reunião privativa de grupos, a qual objetiva o estudo metódico, contínuo e sério do Espiritismo, com programação fundamentada na Codificação Espírita. Embora seja óbvio que o seu objetivo é o de estudar o Espiritismo de forma metódica, contínua e séria, não é demais ressaltar esse aspecto, uma vez que, ocasionalmente, se veem tentativas de se incluírem, nos cursos de ESDE, teorias estranhas ao contido nas obras básicas do Espiritismo. Desse modo, é preciso que estejamos sempre em alerta, uma vez que o ESDE visa ao estudo sistematizado do Espiritismo, e nada mais.

da Doutrina Espírita

TÉCNICAS

Nas apostilas de estudo se têm sugerido técnicas grupais e individuais, assim também recursos audiovisuais, com a finalidade de que as tarefas sejam mais dinâmicas e possibilitem a participação ativa de seus integrantes.

Para uma correta aplicação das apostilas propostas, o orientador deverá consultar a lista de técnicas no Manual de Orientação, especialmente as que se referem ao trabalho coletivo, a fim de adquirir um mínimo de conhecimentos sobre as bases teóricas da direção de um grupo.

SUGESTÕES DE ATIVIDADES

Introdução – Geralmente inicia-se o estudo através da exposição introdutória do assunto, determinando a sua importância.

Desenvolvimento – Solicita-se aos participantes que se reúnam em grupos para realizar diversas atividades, como ler e comentar a síntese do assunto em estudo; responder às perguntas contidas no texto lido.

Conclusão – Ouvem-se as respostas dos grupos e promove-se um debate geral.

Técnicas – Existem técnicas variadas: exposição introdutória do assunto, estudo em grupo, debate das conclusões dos grupos, entre outras.

Recursos – Podem ser usados textos, sínteses do assunto, lâminas ou quadro, giz, lápis e papel, etc.

Avaliação – Ao final do estudo será considerado satisfatório se os participantes respondem corretamente às perguntas propostas durante o trabalho em grupo.

BENEFÍCIOS NOS CENTROS ESPÍRITAS

Entre os principais benefícios, o ESDE forma trabalhadores comprometidos, fomenta a integração entre os companheiros espíritas, preserva a pureza doutrinária, contribui para a unificação do Movimento Espírita e ajuda no crescimento em quantidade e qualidade do público espírita.

CONSELHO ESPÍRITA INTERNACIONAL – CEI.
Estudo Sistematizado da Doutrina Espírita – ESDE. Material extraído em <http://www.conselhoespirita.com>. Acesso em: 1.º de fev. de 2005.

o Espiritismo jamais será ultrapassado, porque, se novas descobertas lhe demonstrassem estar em erro acerca de um ponto qualquer, ele se modificaria nesse ponto. Se uma verdade nova se revelar, ele a aceitará."

■ "Melhorados os homens, não fornecerão ao mundo invisível senão bons Espíritos; estes, encarnando-se, por sua vez só fornecerão à Humanidade corporal elementos aperfeiçoados."

A Terra deixará, então, de ser um mundo expiatório, e os homens não sofrerão mais as misérias decorrentes das suas imperfeições.

■ "Onde quer que as minhas obras penetraram e servem de guia, o Espiritismo é visto sob o seu verdadeiro aspecto, isto é, sob um caráter exclusivamente moral".

■ "Pelo Espiritismo, a Humanidade deve entrar em uma nova fase, a do progresso moral, que é a sua consequência inevitável."

■ "Antes de fazer a coisa para os homens, é preciso formar os homens para a coisa, como se formam obreiros, antes de lhes confiar um trabalho. Antes de construir, é preciso que nos certifiquemos da solidez dos materiais.

Aqui os materiais sólidos são os homens de coração, de devotamento e abnegação."

■ Só o fato da comunicação com os Espíritos, seja o que for que dissessem, provaria a existência do mundo invisível ambiente; seria já um ponto capital, um campo imenso aberto à nossa exploração, a chave de uma multidão de fenômenos inexplicados.

■ O auto de fé de Barcelona não produziu menos o efeito esperado, pela ressonância que teve na Espanha, onde contribuiu poderosamente para propagar as ideias espíritas.

■ Um dos maiores obstáculos que podem entravar a propagação da Doutrina seria a falta de unidade.

■ Se o Espiritismo não pode escapar das fraquezas humanas, com as quais é preciso sempre contar, pode paralisar-lhes as consequências, e é o essencial.

CONSELHO ESPÍRITA INTERNACIONAL – CEI. *La Revista Espírita*: Edição em Espanhol.
N.º 4 Brasília: CEI – US FF, 2004. p. 2.

CENTRO ESPÍRITA

"Esses grupos, correspondendo-se entre si, visitando-se, permutando observações, podem, desde já, formar o núcleo da grande família espírita, que um dia consorciará todas as opiniões e unirá os homens por um único sentimento: o da fraternidade, trazendo o cunho da caridade cristã." [107]

Grupos ou Centros Espíritas

O QUE SÃO?

* São núcleos de estudo, de fraternidade, de oração e de trabalho, praticados dentro dos princípios espíritas.
* São escolas de formação espiritual e moral, que trabalham à luz da Doutrina Espírita.
* São postos de atendimento fraternal para todos os que procuram orientação, esclarecimento, ajuda ou consolo.
* São oficinas de trabalho que proporcionam aos seus frequentadores oportunidades de exercitarem o próprio aprimoramento íntimo pela prática do Evangelho em suas atividades.
* São casas onde crianças, jovens, adultos e idosos têm oportunidade de conviver, estudar e trabalhar, unindo a família sob a orientação do Espiritismo.
* São recantos de paz, que oferecem aos seus frequentadores oportunidades para o refazimento espiritual e a união fraternal pela prática do "Amai-vos uns aos outros".
* São núcleos que se caracterizam pela simplicidade própria das primeiras casas do Cristianismo nascente, pela prática da caridade e pela total ausência de imagens, símbolos, rituais ou outras quaisquer manifestações exteriores.
* São as unidades fundamentais do Movimento Espírita.

O Que É o Centro Espírita?

É a unidade fundamental do Movimento Espírita. É acima de tudo escola do Espírito, onde são ensinados os princípios básicos da Doutrina Espírita sob as bases do Evangelho de Jesus.

Tem cinco principais aspectos:

Lar – De solidariedade humana.
Escola – Estudo e trabalho para a vida.
Templo – Ativo de oração e vida cristã.
Hospital – Ajuda espiritual a encarnados e desencarnados.
Oficinas de trabalho – Onde se coloca em prática o que se aprende na teoria.

O papel que o Centro Espírita deve desempenhar primordialmente é o de propagar a Doutrina Espírita para atingir a renovação do indivíduo, integrando-o com o grupo familiar, com vistas ao progresso moral da sociedade.

As Casas Espíritas devem movimentar todos os seus recursos para instruir, orientar, despertar o interesse e educar os encarnados para a realidade do Espírito Imortal, despertando consciências dentro dos postulados legados por Allan Kardec, sem nenhum tipo de artifícios, cerimônias, rituais, símbolos, flores ou imagens; unicamente operando dentro da intimidade de cada ser.

PRINCIPAIS ATIVIDADES

DOUTRINÁRIAS
* Estudo Sistematizado da Doutrina Espírita (ESDE)
* Palestras públicas
* Assistência espiritual
* Estudo e educação mediúnica
* Desobsessão

ASSISTÊNCIA E PROMOÇÃO SOCIAL
* Atividades de assistência social

INFÂNCIA E JUVENTUDE
* Evangelização de crianças e jovens

DIVULGAÇÃO
* Livraria
* Biblioteca
* Divulgação da Doutrina através da imprensa, do rádio, de televisão e Internet

ADMINISTRAÇÃO
* Administração do Centro
* Patrimônio

"A maior caridade que podemos fazer para a Doutrina Espírita é a sua própria divulgação."
Emmanuel

SEUS OBJETIVOS

Os Grupos, Centros ou Sociedades Espíritas têm por objetivo promover o estudo, a difusão e a prática da Doutrina Espírita, atendendo às pessoas que:

* buscam esclarecimento, orientação e amparo para seus problemas espirituais, morais e materiais;
* querem conhecer e estudar a Doutrina Espírita;
* querem trabalhar, colaborar e servir em qualquer área de ação que a prática espírita ofereça.

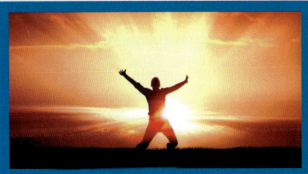

Missão dos Espíritas
"Ide, pois, e levai a palavra divina: aos grandes que a desprezarão, aos eruditos que exigirão provas, aos pequenos e simples que a aceitarão; porque, principalmente entre os mártires do trabalho, esta provação terrena, encontrareis fervor e fé. Ide; estes receberão, com hinos de gratidão e louvores a Deus, a santa consolação que lhes levareis, e baixarão a fronte, rendendo-lhe graças pelas aflições que a Terra lhes destina.
Arme-se a vossa falange de decisão e coragem! Mãos à obra! O arado está pronto; a terra espera; arai! Ide e agradecei a Deus a gloriosa tarefa que Ele vos confiou; mas, atenção: entre os chamados para o Espiritismo, muitos se transviaram; reparai, pois, vosso caminho e segui a verdade."
Erasto[108]

"O objetivo do Centro Espírita deve ser o de levar às pessoas a mensagem do Mestre Jesus, à luz do Espiritismo."[109]

CENTRO ESPÍRITA

SUAS ATIVIDADES BÁSICAS

Os Grupos, Centros ou Sociedades Espíritas têm por atividades básicas:

* Realizar reuniões de estudo da Doutrina Espírita, de forma programada, metódica ou sistematizada, destinadas às pessoas de todas as idades e de todos os níveis culturais e sociais, que possibilitem um conhecimento abrangente e aprofundado do Espiritismo em todos os seus aspectos.

* Realizar reuniões de explanação do Evangelho à luz da Doutrina Espírita, aplicação de passes e atendimento fraterno através do diálogo, para as pessoas que procuram e frequentam os núcleos espíritas em busca de esclarecimento, orientação, ajuda e assistência espiritual e moral.

* Realizar reuniões de estudo, educação e prática da mediunidade, com base nos princípios e objetivos espíritas, esclarecendo, orientando e preparando trabalhadores para as atividades mediúnicas.

* Realizar reuniões de evangelização espírita para crianças e jovens, de forma programada, metódica ou sistematizada, atendendo-os, esclarecendo-os e orientando-os dentro dos ensinos da Doutrina Espírita.

* Realizar o trabalho de divulgação da Doutrina Espírita através de todos os veículos e meios de comunicação social compatíveis com os princípios espíritas, tais como: palestras, conferências, livros, jornais, revistas, boletins, folhetos, mensagens, rádio, TV, cartazes, e internet.

O Dirigente Espírita

O trabalho espírita para conseguir uma expressão significativa, precisa ter uma finalidade, uma liderança capaz de fomentar um ideal naqueles que se aproximam da casa para conhecer a Doutrina, dotados de boa vontade. Os dirigentes poderão conduzir as pessoas, na teoria e na prática do Espiritismo, segundo o ensinamento dos Espíritos Superiores.

Para que uma casa espírita não caia em erros, o que é necessário fazer na prática como na teoria?

Não é possível que nós tenhamos uma casa espírita onde não existam problemas, porque eles são inerentes ao ser humano; nós, que somos Espíritos imperfeitos, estamos sujeitos a cometer erros e enganos.

O que podemos conseguir é uma casa com um número menor de problemas; para isso, a organização interna, a ordem, a existência de normas claras sobre as situações de comportamento, de conduta doutrinária, de estudo e de trabalho, ajudarão a diminuir as dificuldades existentes.

Influência do Espiritismo no Progresso

801. Por que não ensinaram os Espíritos, em todos os tempos, o que ensinam hoje?
"Não ensinais às crianças o que ensinais aos adultos e não dais ao recém-nascido um alimento que ele não possa digerir. Cada coisa tem seu tempo. Eles ensinaram muitas coisas que os homens não compreenderam ou adulteraram, mas que podem compreender agora. Com seus ensinos, embora incompletos, prepararam o terreno para receber a semente que vai frutificar."

CONSELHOS AOS INICIANTES NO ESPIRITISMO

É fundamental que se tenha um bom conhecimento dos livros básicos que Allan Kardec elaborou; depois de estudar esses livros, teremos condições para abordar as obras subsidiárias e indagar sobre outras doutrinas, separando o certo do errado.

É necessário ter boa vontade, disciplina, amor ao Cristo e seriedade em tudo o que se faz.

Quando as pessoas percebem que o ambiente num Centro Espírita é sério, elas se sentem em casa e querem participar do trabalho.

Assim, pois, os que desejam ter sucesso nas suas práticas precisam ter um ideal, seriedade e amor no trabalho que abraçaram.

HU, Luis R. Entrevista cedida para Andespírita.
Andespírita: *Boletím Espírita Peruano Boliviano*. Arequipa: CEAK, ano 2, n. 5, janeiro de 1997.

O verdadeiro Espiritismo tem por divisa benevolência e caridade. Não admite qualquer rivalidade, a não ser a do bem que todos podem fazer. Todos os grupos que inscreverem essa divisa em suas bandeiras estenderão uns aos outros as mãos, como bons vizinhos, que não são menos amigos pelo fato de não habitarem a mesma casa.[110]

* Realizar o serviço de assistência e promoção social espírita destinado a pessoas carentes que buscam ajuda material: assistindo-as em suas necessidades mais imediatas; promovendo-as por meio de cursos e trabalhos de formação profissional e pessoal; e esclarecendo-as com os ensinos morais do Evangelho à luz da Doutrina Espírita.

* Estimular e orientar os seus frequentadores para a implantação e manutenção da reunião de estudo do Evangelho no Lar, como apoio para a harmonia espiritual de suas famílias.

* Participar das atividades que têm por objetivo a união dos espíritas e das Instituições Espíritas, e a unificação do Movimento Espírita, conjugando esforços, somando experiências, permutando ajuda e apoio, aprimorando as atividades espíritas e fortalecendo a ação dos espíritas.

* Atividades administrativas necessárias ao seu normal funcionamento, compatíveis com a sua estrutura organizacional e com a legislação do seu país.

CONSELHO ESPÍRITA INTERNACIONAL – CEI. *Divulgue o Espiritismo, uma nova era para a humanidade*: Folhetos da Campanha de Divulgação do Espiritismo. Brasília: CEI, 1998.

CENTRO ESPÍRITA

"Bem compreendido, mas sobretudo bem sentido, o Espiritismo leva aos resultados acima expostos (características do homem de bem), que caracterizam o verdadeiro espírita, como o cristão verdadeiro, pois que um o mesmo é que outro.

O Espiritismo não institui nenhuma nova moral; apenas facilita aos homens a inteligência e a prática da do Cristo, facultando fé inabalável e esclarecida aos que duvidam ou vacilam.

(...) Reconhece-se o verdadeiro espírita pela sua transformação moral e pelos esforços que emprega para domar suas inclinações más."

KARDEC, Allan. Sede Perfeitos. O Evangelho segundo o Espiritismo. 119. ed. Rio de Janeiro: FEB, 2002. Cap. XVII. Item 4, p.274 - 276.

"O verdadeiro espírita jamais deixará de fazer o bem. Lenir corações aflitos; consolar, acalmar desesperos, operar reformas morais, essa é a sua missão. É nisso também que encontrará satisfação real."[111]

Tipos de espíritas

1.º ESPÍRITAS EXPERIMENTADORES
Os que creem pura e simplesmente nas manifestações. Para eles, o Espiritismo é apenas uma ciência de observação, uma série de fatos mais ou menos curiosos.

2.º ESPÍRITAS IMPERFEITOS
Os que no Espiritismo veem mais do que fatos; compreendem-lhe a parte filosófica; admiram a moral daí decorrente, mas não a praticam. Insignificante ou nula é a influência que lhes exerce nos caracteres.
Em nada alteram seus hábitos e não se privariam de um só gozo que fosse. Consideram a caridade cristã apenas uma bela máxima.

3.º VERDADEIROS ESPÍRITAS OU ESPÍRITAS CRISTÃOS
Os que não se contentam com admirar a moral espírita; que a praticam e lhe aceitam todas as consequências. Convencidos de que a existência terrena é uma prova passageira, tratam de aproveitar os seus breves instantes para avançar pela senda do progresso, única que os pode elevar na hierarquia do mundo dos Espíritos, esforçando-se por fazer o bem e coibir seus maus pendores.
As relações com eles sempre oferecem segurança, porque a convicção que nutrem os preserva de pensarem praticar o mal. A caridade é, em tudo, a regra de proceder a que obedecem.

4.º ESPÍRITAS EXALTADOS
Esta espécie de adeptos é mais nociva do que útil à causa do Espiritismo. Infunde confiança cega e frequentemente pueril, no tocante ao mundo invisível, e leva a aceitar-se, sem verificação, aquilo cujo absurdo o exame demonstraria.

O Que É Ser Espírita?

Resposta – Sem dúvida, ter descoberto um tesouro. O homem atual chegou às estrelas e penetrou no universo microscópico, mas não teve valor para adentrar-se em si mesmo. O Espiritismo lhe propõe um desafio, o do autodescobrimento, mostrando-lhe que é um ser imortal e que a morte somente é uma transição de uma para outra realidade.

Para as pessoas alheias ao seu mundo, espírita é aquele que se comunica com outras entidades procurando explicação a muitas das suas interrogações. Mas você nos fala de algo além...

R. – Ser espírita é acreditar em Deus, na imortalidade da alma, na comunicação com os Espíritos, na reencarnação e na pluralidade dos mundos habitados.

A base da nossa conduta ética e moral radica nos ensinamentos de Jesus. A presença dos Espíritos é uma questão secundária neste planejamento transcendental e transpessoal da vida.

É possível convencer a alguém que não vê os Espíritos de que estes existem?

R. – Para isso a parapsicologia tem nos proposto toda uma ética de pesquisa, demonstrando que há mais fenômenos anímicos e mentais e também outros fenômenos que pertencem ao além da morte. Todos acreditamos no vírus da Aids, mesmo que pessoalmente nunca o temos visto.

Assim também acreditamos que existem os Espíritos porque outras pessoas qualificadas têm nos falado, aquelas que possuem clarividência. Mas, se isto fosse pouco, também hoje desfrutamos das evidências que nos proporciona a tecnologia. As psicofonias e as psicoimagens são um material abundante na pesquisa parapsicológica.

Você como um respeitado médium, como vivencia esta condição? Em que é diferente do resto dos mortais?

R. – A vidência, a clarividência e a precognição são faculdades ou atributos de nossa mente. Mas no momento em que um Espírito intervém em nossa consciência já estamos diante de um fenômeno mediúnico e não anímico.

Se numa reunião materializa-se um Espírito capaz de deixar as suas impressões digitais que podem depois ser confrontadas com suas pegadas em vida, isso já não pode ser criação da mente. Nos, médiuns, somos pessoas que sentimos essas presenças com tanta realidade que chegam a mudar as nossas vidas.

O que têm a dizer os Espíritos ao homem do mundo moderno?

R. – Vêm repetir o que já esta dito e a dizer coisas novas. Nestes momentos de tanta pressão emocional, nos trazem a mensagem de esperança. O certo é que temos progredido muito tecnologicamente, mas ainda não sabemos o que fazer com as nossas vidas. Os Espíritos vêm mostrar-nos o caminho da caridade. A realidade do ser é a vida plena; a vida física é só o seu meio.

FRANCO, Divaldo P. Entrevista. *Revista Más Allá de la Ciencia*. Madri: MC Edições, janeiro de 1990.

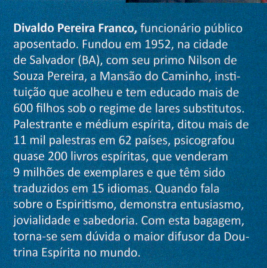

Divaldo Pereira Franco, funcionário público aposentado. Fundou em 1952, na cidade de Salvador (BA), com seu primo Nilson de Souza Pereira, a Mansão do Caminho, instituição que acolheu e tem educado mais de 600 filhos sob o regime de lares substitutos. Palestrante e médium espírita, ditou mais de 11 mil palestras em 62 países, psicografou quase 200 livros espíritas, que venderam 9 milhões de exemplares e que têm sido traduzidos em 15 idiomas. Quando fala sobre o Espiritismo, demonstra entusiasmo, jovialidade e sabedoria. Com esta bagagem, torna-se sem dúvida o maior difusor da Doutrina Espírita no mundo.

Espiritismo e Espíritas

Como o Espiritismo em forma prática contribuirá ao progresso da Humanidade?

R. – Despertando o homem para sua própria realidade. Fazendo-o consciente de si mesmo, para que descubra a finalidade da vida na Terra. O Espiritismo oferece as propostas para que o homem torne-se perfeitamente completo.

O que dizem os Espíritos sobre o terceiro milênio?

R. – No terceiro milênio, que naturalmente se demorará mil anos, eles dizem que a Terra atingirá seu ponto de evolução.

Mudará de um mundo de provas e expiações a um mundo de regeneração. Embora muitas dores nos esperem, muitos testemunhos, porque a transformação moral, para erradicar os vícios, os atavismos e os primitivismos, é feita pouco a pouco. Mas, por intermédio do amor e da lei de caridade, conseguiremos essa plenitude, desde que estejamos resolvidos a transformar-nos e por consequência transformar a Terra.

Uma mensagem para as pessoas que nunca na sua vida escutaram falar da Doutrina Espírita ou Espiritismo.

R. – Uma mensagem de otimismo. A vida é uma bênção de Deus e deve ser vivida com essa plenitude. Os sofrimentos e problemas são acidentes no caminho; o valor que têm, nós atribuímos-lhes, mas, como consideramos que são técnicas de evolução, transformamos aquilo que parece desagradável numa realização de edificação e de enobrecimento do ser humano.

Vale a pena amar; aquele que ama é feliz, aquele que espera ser amado é uma criança psicológica.

FRANCO, Divaldo P. Entrevista Andespírita.
Andespírita: Boletím Espírita Peruano Boliviano.
Arequipa: CEAK, ano 1, n. 1, janeiro de 1996.

MOVIMENTO ESPÍRITA

"Os Espíritos anunciam que chegaram os tempos marcados pela Providência para uma manifestação universal e que, sendo eles os ministros de Deus e os agentes de sua vontade, têm por missão instruir e esclarecer os homens, abrindo uma nova era para a regeneração da Humanidade."[112]

MOVIMENTO ESPÍRITA

É o conjunto das atividades que têm por objetivo estudar, divulgar e praticar a Doutrina Espírita, contida nas obras básicas de Allan Kardec, colocando-a ao alcance e a serviço de toda a Humanidade. As atividades que compõem o Movimento Espírita são realizadas por pessoas, isoladamente ou em conjunto, e por Instituições Espíritas.

AS INSTITUIÇÕES ESPÍRITAS COMPREENDEM:

* os Grupos, Centros ou Sociedades Espíritas, que desenvolvem atividades gerais de estudo, difusão e prática da Doutrina Espírita e que podem ser de pequeno, médio ou grande porte;

* as Entidades Federativas, que desenvolvem as atividades de união das Instituições Espíritas e de unificação do Movimento Espírita;

* as Entidades Especializadas, que desenvolvem atividades espíritas específicas, tais como as de assistência e promoção social e as de divulgação doutrinária;

* os Pequenos Grupos de Estudo do Espiritismo, fundamentalmente voltados para o estudo inicial da Doutrina Espírita.

Trabalho Federativo

TRABALHO FEDERATIVO E DE UNIFICAÇÃO DO MOVIMENTO ESPÍRITA

O QUE É

* Trabalho federativo e de unificação do Movimento Espírita é uma atividade-meio que tem por objetivo fortalecer, facilitar, ampliar e aprimorar a ação do Movimento Espírita em sua atividade-fim, que é a de promover o estudo, a difusão e a prática da Doutrina Espírita.

* Decorre da união fraterna, solidária, voluntária, consciente e operacional dos espíritas e das Instituições Espíritas, através da permuta de informações e experiências, da ajuda recíproca e do trabalho em conjunto.

* É fundamental para o fortalecimento, o aprimoramento e o crescimento das Instituições Espíritas, e para a correção de eventuais desvios da adequada prática doutrinária e administrativa.

O QUE REALIZA

* Realiza um permanente contato com os Grupos, Centros ou Sociedades Espíritas, promovendo a sua união e integração e colocando

"O Espiritismo é uma questão de fundo; prender-se à forma seria puerilidade indigna da grandeza do assunto. Daí vem que os centros que se acharem penetrados do verdadeiro espírito do Espiritismo deverão estender as mãos uns aos outros, fraternalmente, e unir-se para combater os inimigos comuns: a incredulidade e o fanatismo."[113]

à disposição dos mesmos sugestões, experiências, trabalhos e programas de apoio de que necessitem para suas atividades.

* Realiza reuniões, encontros, cursos, confraternizações e outros eventos destinados a dirigentes e trabalhadores espíritas, para a renovação e atualização de conhecimentos doutrinários e administrativos, visando o aprimoramento e a ampliação das atividades das Instituições Espíritas e a abertura de novas frentes de ação e de trabalho.

* Realiza eventos destinados ao grande público, para a divulgação da Doutrina Espírita, a fim de que o Espiritismo seja cada vez mais conhecido e mais bem praticado.

COMO SE ESTRUTURA

* Estrutura-se através da união dos Grupos, Centros ou Sociedades Espíritas que, preservando a sua autonomia e liberdade de ação, conjugam esforços e somam experiências, objetivando o permanente fortalecimento e aprimoramento das suas atividades e do Movimento Espírita em geral.

* Os Grupos, Centros ou Sociedades Espíritas, unindo-se, constituem as Entidades e Órgãos federativos ou de unificação do Movimento Espírita local, regional, estadual ou nacional.

* As Entidades e os Órgãos federativos e de unificação do Movimento Espírita, em nível nacional, constituem a Entidade de unificação do Movimento Espírita em nível mundial – o Conselho Espírita Internacional.

CONSELHO ESPÍRITA INTERNACIONAL – CEI.
Divulgue o Espiritismo, uma nova era para a humanidade: Folhetos da Campanha de Divulgação do Espiritismo. Brasília: CEI, 1998.

DIRETRIZES DO TRABALHO FEDERATIVO E DE UNIFICAÇÃO DO MOVIMENTO ESPÍRITA

O trabalho federativo e de unificação do Movimento Espírita, bem como o de união dos espíritas e das Instituições Espíritas, baseia-se nos princípios de fraternidade, solidariedade, liberdade e responsabilidade que a Doutrina Espírita preconiza.

Caracteriza-se por oferecer sem exigir compensações, ajudar sem criar condicionamentos, expor sem impor resultados e unir sem tolher iniciativas, preservando os valores e as características individuais tanto dos homens como das Instituições.

A integração e a participação das Instituições Espíritas nas atividades federativas e de unificação do Movimento Espírita, sempre voluntárias e conscientes, são realizadas em nível de igualdade, sem subordinação, respeitando e preservando a independência, a autonomia e a liberdade de ação de que desfrutam. Todo e qualquer programa ou material de apoio colocado à disposição das Instituições Espíritas não terão aplicação obrigatória, ficando a critério das mesmas adotá-los ou não, parcial ou totalmente, ou adaptá-los às suas próprias necessidades ou conveniências.

Em todas as atividades federativas e de unificação do Movimento Espírita deve ser sempre estimulado o estudo metódico, constante e aprofundado das obras de Allan Kardec, que constituem a Codificação Espírita, enfatizando-se as bases em que a Doutrina Espírita se assenta.

Todas as atividades federativas e de unificação do Movimento Espírita têm por objetivo maior colocar, com simplicidade e clareza, a mensagem consoladora e orientadora da Doutrina Espírita ao alcance e a serviço de todos, especialmente dos mais simples, por meio do estudo, da oração e do trabalho.

Em todas as atividades federativas e de unificação do Movimento Espírita deve ser sempre preservado, dos que delas participam, o natural direito de pensar, de criar e de agir, que a Doutrina Espírita preconiza, assentando-se, todavia, todo e qualquer trabalho nas obras da Codificação kardequiana.

MOVIMENTO ESPÍRITA

Espiritismo no Mundo

Depois da publicação de *O Livro dos Espíritos*, o Espiritismo cresceu rapidamente na Europa.

Allan Kardec menciona, em *O Evangelho segundo o Espiritismo*, que manteve correspondência com quase mil Centros Espíritas em todo o mundo. A propagação espírita continuou até 1914. Por causa da I e II Guerras Mundiais, o Espiritismo praticamente desapareceu do solo europeu, para florir nas Américas. Argentina, México, Cuba, Colômbia, entre outros países, promoveram sua continuação durante o século XX, destacando-se o Brasil, país que conseguiu iniciar o século XXI com uma estimativa de 30 milhões de espíritas e simpatizantes.

O surgimento do Conselho Espírita Internacional e a reaparição de novos grupos espíritas em vários continentes deixam vislumbrar uma nova etapa do Espiritismo no mundo.

A Revista Espírita

Allan Kardec iniciou a sua publicação em janeiro de 1858 e continuou na direção até a sua desencarnação, em 1869; o último número sob a sua orientação foi o de abril 1869. De 1869 até 1914, a *Revista* continuou sendo editada, tendo entre os seus colaboradores eminentes espíritas como León Denis e Camille Flammarion.

Entre 1914 e 1918, sofreu interrupção por motivo da I Guerra Mundial. Em 2000, foi publicada pelo Conselho Espírita Internacional e a Union Spirite Française et Francophone (USFF).

Atualmente, *La Revue Spirite* continua sendo editada em inglês.

Conselho Espírita Internacional – CEI

O Conselho Espírita Internacional – CEI, fundado em 28 de novembro de 1992, é o organismo resultante da união, em âmbito mundial, das associações que representam os Movimentos Espíritas Nacionais. O CEI iniciou-se com 9 instituições; hoje em dia conta com 36 nos 5 continentes, sendo estas representantes dos seguintes países:
Alemanha, Angola, Argentina, Austrália, Áustria, Bélgica, Bolívia, Brasil, Canadá, Chile, Colômbia, Cuba, El Salvador, Espanha, Estados Unidos, França, Guatemala, Holanda, Honduras, Irlanda, Itália, Japão, Luxemburgo, México, Moçambique, Noruega, Nova Zelândia, Paraguai, Peru, Portugal, Reino Unido, Suécia, Suíça, Uruguai e Venezuela.

1. O Estatuto do Conselho Espírita Internacional observa:

O Conselho Espírita Internacional (CEI) é o organismo resultante da união, em âmbito mundial, das Associações Representativas dos Movimentos Espíritas Nacionais. São finalidades essenciais e objetivos do CEI:

I – promover a união solidária e fraterna das Instituições Espíritas de todos os países e a unificação do Movimento Espírita mundial;

II – promover o estudo e a difusão da Doutrina Espírita em seus três aspectos básicos: científico, filosófico e religioso;

III – promover a prática da caridade espiritual, moral e material à luz da Doutrina Espírita.

As finalidades e objetivos do CEI fundamentam-se na Doutrina

Espírita codificada por Allan Kardec e nas obras que, seguindo suas diretrizes, lhe são complementares e subsidiárias.

Todo e qualquer programa e material de apoio oferecidos pelo CEI não terão aplicação obrigatória, ficando a critério das Entidades Espíritas adotá-los ou não, parcial ou totalmente, ou adaptá-los às suas próprias necessidades ou conveniências.

As entidades que integram o CEI mantêm a sua autonomia, independência e liberdade de ação.

A vinculação com o CEI tem por fundamento e objetivo a solidariedade e a união fraterna.

2. As atividades relacionadas no presente documento são apresentadas a título de sugestão. As Instituições Espíritas, no uso de sua liberdade, poderão realizá-las na medida em que o seu desenvolvimento e crescimento criem condições para tanto e quando os seus dirigentes considerarem oportuno.

3. As atividades espíritas serão sempre realizadas de forma compatível com as características do ambiente social e com a legislação do país em que se desenvolvam.

CONSELHO ESPÍRITA INTERNACIONAL – CEI. *Divulgue o Espiritismo, uma nova era para a humanidade*: Folhetos da Campanha de Divulgação do Espiritismo. Brasília: CEI, 1998.

Divaldo Franco contribuiu para a difusão do Espiritismo em todo o Mundo.

Brasil

Seguem alguns acontecimentos e dados sobre os reflexos da obra de Allan Kardec no Brasil.

1) Quantidade de espíritas no Brasil: 3,8 milhões (dados do Censo 2010 do Instituto Brasileiro de Geografia e Estatística – IBGE). Considera-se que há 30 milhões de simpatizantes.

2) Número de Instituições Espíritas no Brasil: 15 mil, oficialmente cadastrados junto à Federação Espírita Brasileira.

3) Serviço social: aproximadamente 10 mil instituições (hospitais, creches, orfanatos, asilos e centros espíritas), atuando junto à comunidade e favorecendo a inclusão social. Uma dessas instituições, o Lar Fabiano de Cristo, com uma rede nacional, ampara anualmente, 100 mil famílias em estado de extrema pobreza. Este trabalho foi adotado como modelo recomendado pela Organização das Nações Unidas para a Educação, a Ciência e a Cultura – Unesco para países em desenvolvimento. Entre as instituições beneficentes, há 76 hospitais espíritas.

4) Livros espíritas: há 200 editoras espíritas no país, responsáveis pela edição de 6 mil títulos e totalizando aproximadamente 100 milhões de livros editados.

Todos esses livros decorrem do estudo das obras de Allan Kardec. A Federação Espírita Brasileira (FEB) mantém a edição de mais de 500 títulos, tendo editado cerca de 11 milhões de exemplares de livros de Allan Kardec, 15 milhões de livros de Francisco Cândido Xavier e 13 milhões de exemplares de autores variados, totalizando perto de 39 milhões de livros publicados.

5) Reconhecimento público: há centenas de cidades que possuem logradouros públicos, como praças e ruas, com o nome de Allan Kardec. As lideranças espíritas do Brasil foram agraciadas com centenas de homenagens, pela atuação em atividades, em serviços sociais desenvolvidos nas instituições espíritas, por iniciativas da Câmara dos Deputados, de Assembleias Legislativas e de Câmaras Municipais. Há Câmaras de Vereadores e Assembleias Legislativas, de várias regiões do país, que aprovaram leis estabelecendo o Dia do Livro Espírita.

CONSELHO ESPÍRITA INTERNACIONAL – CEI. *La Revista Espírita*: Edición em Espanhol. N.º 4. Brasília: CEI – US FF, 2004. p. 34.

MOVIMENTO ESPÍRITA

CAMPANHAS CONHEÇA O ESPIRITISMO E DIVULGUE O ESPIRITISMO

Com o objetivo de tornar a Doutrina Espírita cada vez mais conhecida e mais bem compreendida e praticada, o Conselho Espírita Internacional aprovou dois textos que estão à disposição do Movimento Espírita Internacional: um sobre a Doutrina Espírita: Conheça o Espiritismo, dirigido às pessoas interessadas em conhecer o Espiritismo; e outro sobre o próprio Movimento Espírita: Divulgue o Espiritismo, destinado às pessoas e instituições interessadas em pôr a Doutrina Espírita ao alcance e a serviço de todos os homens, para promover e realizar o seu estudo, divulgação e prática.

Campanha do Estudo Sistematizado da Doutrina Espírita – ESDE

Campanha para estimular a implantação do ESDE nos grupos espíritas. ESDE é a reunião privativa dos grupos, com o objetivo do estudo metódico, continuado e sério do Espiritismo.

Campanha Evangelho no Lar

Campanhas Espíritas

No Brasil, o Conselho Federativo Nacional – CFN, da Federação Espírita Brasileira – FEB, elaborou um plano de ação trazendo vários projetos, procurando assim melhorar o trabalho de unificação.

Entre outras, surgiu a proposta de realizar uma campanha dedicada a oferecer caminhos de construção da paz para os homens em geral: a Campanha Construamos a Paz Promovendo o Bem, e uma outra para implementar a ação integrada junto às instituições espíritas, envolvendo as famílias, especialmente crianças e jovens da evangelização infantojuvenil: Campanha O Melhor é Viver em Família, além de ainda outra, e uma outra valorizando a importância da vida : a Campanha em Defesa da Vida.

A Campanha **Em Defesa da Vida** alerta as sociedades sobre as consequências espirituais dos atentados contra a vida sob a óptica espírita, como o aborto, a eutanásia, a pena de morte e o suicídio.

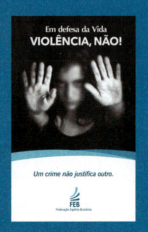

VOCABULÁRIO

Agênere — (Do grego – *a*, privativo, e – *géiné*, *géinomai*, gerar; que não foi gerado.) — Modalidade da aparição tangível; estado de certos Espíritos, quando temporariamente revestem as formas de uma pessoa viva, a ponto de produzirem ilusão completa.

Alma — Espírito encarnado.

Animismo — Toda manifestação mediúnica originária do Espírito do médium.

Batedor — Qualidade de alguns Espíritos, daqueles que revelam sua presença num lugar por meio de pancadas e ruídos de naturezas diversas.

Desencarnado — Estado do Espírito depois da morte do corpo.

Desobsessão — Tratamento mediúnico para esclarecer os Espíritos que perturbam o ser encarnado.

Ectoplasma — Substância extraída pelos Espíritos do corpo dos médiuns de efeitos físicos para a produção de fenômenos materiais.

Encarnado — Estado do Espírito na matéria.

Erraticidade — Estado dos Espíritos errantes, ou erráticos, isto é, não encarnados, durante o intervalo de suas existências corpóreas.

Espírita — O que tem relação com o Espiritismo; adepto do Espiritismo.

Espiritismo — Doutrina fundada sobre a crença na existência dos Espíritos e em suas manifestações.

Espírito — Princípio Inteligente do Universo.

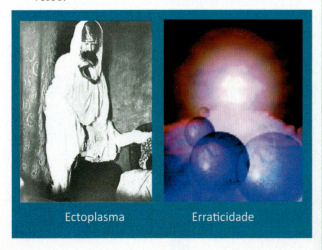

Ectoplasma — Erraticidade

Filmes

Alguns filmes com temática espírita:

Joelma, 23º andar (1980)
Bezerra de Menezes: O Diário de um Espírito (2008)
Nosso Lar (2010)
Chico Xavier (2010)
As mães de Chico Xavier (2011)
O filme dos Espíritos (2011)
E a vida continua (2012).

Páginas na Internet

Para obter maiores informações sobre a Doutrina Espírita, visite:

Em espanhol:
www.espiritismo.es
Em francês:
www.spiritisme.net
Em inglês:
www.spiritist.us
www.ssbaltimore.org
www.kardecradio.com
Em português:
www.febnet.org.br
www.espiritismo.net
www.mansaodocaminho.com.br
www.tvmundomaior.com.br
www.radioboanova.com.br
www.radioriodejaneiro.am.br
www.portalser.org
www.tvnovaluz.com
www.redeamigoespirita.com.br
www.radiofraternidade.com.br

Doutrinas

MATERIALISMO

Doutrina que não admite a existência de algo além da matéria (Deus, Espírito, etc.). Tem servido de base para muitas doutrinas e vem sendo adotada por diversos homens de ciência.

ESPIRITUALISMO

Doutrina que admite a existência de algo além da matéria (Deus, Espírito, etc.). Tem servido de base para todas as doutrinas religiosas como o Cristianismo, o Budismo, o Hinduísmo, etc.

ESPIRITISMO

Doutrina espiritualista que não só admite a existência de Deus e a Imortalidade da Alma, mas, com provas materiais, demonstra a sua existência. À diferença do Espiritualismo, o Espiritismo sim aceita a comunicação com os Espíritos.

A mediunidade é a faculdade que permite obter informações do mundo espiritual, tal como demonstra a ilustração de Maria de Nazareth, orientada pelo médium Chico Xavier.

Espiritualismo — Usa-se em sentido oposto ao de materialismo; crença na existência da alma espiritual e imaterial. O espiritualismo é a base de todas as religiões.

Espiritualista — É espiritualista aquele que acredita que em nós nem tudo é matéria.

Espíritos — Os Espíritos são os seres inteligentes da Criação que povoam o Universo, fora do mundo material, e constituem o mundo invisível. Não são seres oriundos de uma criação especial, porém, as almas dos que viveram na Terra, ou nas outras esferas, e que deixaram o invólucro corporal.

Expiação — Resgate de débitos passados.

Fluidificada — Água fluidificada ou água magnetizada.

Médium — Pessoa que pode servir de intermediária entre os Espíritos e os homens.

Mediunidade — Faculdade dos médiuns.

Passe — Imposição de mãos, transmissão de energia.

Perispírito — Envoltório semimaterial do Espírito. Nos encarnados, serve de intermediário entre o Espírito e a matéria; nos Espíritos errantes, constitui o corpo fluídico do Espírito.

Psicofonia — Comunicação dos Espíritos pela voz de um médium falante.

Psicografia — Escrita dos Espíritos pela mão de um médium.

Psicógrafo — Aquele que faz psicografia; médium escrevente.

Reencarnação — Volta do Espírito à vida corpórea, pluralidade das existências.

Sematologia — Linguagem dos sinais. Comunicação dos Espíritos pelo movimento dos corpos inertes.

Tiptologia — Linguagem por pancadas, ou batimentos: modo Erraticidade Ectoplasma de comunicação dos Espíritos.

LIVROS

Obras de Allan Kardec

ALLAN KARDEC
O Livro dos Espíritos 1857
Que é o Espiritismo? 1859
O Livro dos Médiuns 1861
O Espiritismo na sua Expressão Mais Simples 1862
O Evangelho segundo o Espiritismo 1864
O Céu e o Inferno 1865
A Gênese 1868
Revista Espírita (12 vols.) 1858-1869
Obras Póstumas 1890

Obras Suplementares

ANDRÉ LUIZ
Nosso Lar 1944
Os Mensageiros 1944
Missionários da Luz 1945
Obreiros da Vida Eterna 1946
No Mundo Maior 1947
Agenda Cristã 1948
Libertação 1949
Entre a Terra e o Céu 1954
Nos Domínios da Mediunidade 1955
Ação e Reação 1957
Evolução em Dois Mundos 1959
Mecanismos da Mediunidade 1960
Conduta Espírita 1960
Sexo e Destino 1963
Desobsessão 1964
E a Vida Continua 1968

O livro *Nosso Lar* já superou a extraordinária soma de dois milhões de exemplares publicados, além de ter sido traduzido a 14 idiomas.

Breves resenhas históricas de autores espirituais conhecidos pela mediunidade de Francisco Cândido Xavier e Divaldo Pereira Franco.
Algumas das suas mensagens psicografadas foram publicadas nos capítulos deste livro.

Autores Espirituais

EMMANUEL
É o nome do Espírito que tutelou a atividade mediúnica de Francisco Cândido Xavier. Autor de diversos livros, como *Há Dois Mil Anos*, Emmanuel foi o Senador Públio Lentulus, autor de uma carta famosa em que descreve o Cristo. No Brasil viveu como o padre Manuel da Nóbrega, mais tarde na Espanha sendo conhecido como Padre Damião.

HUMBERTO DE CAMPOS (PSEUDÔNIMO IRMÃO X)
Famoso jornalista e cronista, membro da renomada Academia Brasileira de Letras. Escreveu 12 livros através do médium Francisco Cândido Xavier – Chico Xavier, narrando espetaculares reportagens do Além.

SCHEILLA
Tem-se notícias de apenas duas encarnações de Scheilla: uma na França no século XVI, conhecida como Santa Joana de Chantal (canonizada em 1767), e outra na Alemanha, onde desencarnou em 1943, como Scheilla, enfermeira da II Guerra Mundial. No mundo espiritual vinculou-se à equipe do Dr. Bezerra de Menezes.

JOANNA DE ÂNGELIS
Espírito que orienta a mediunidade de Divaldo Pereira Franco, integrou a equipe do Espírito de Verdade. Encarnada, foi conhecida como Joana de Cusa, contemporânea de Jesus; sóror Joana Inês da Cruz, no México, no século XVII; e como a abadessa Joana Angélica, no Brasil do século XVIII.

ANDRÉ LUIZ
Médico brasileiro desencarnado, autor de diversos livros psicografados pelo médium Francisco Cândido Xavier. Sua principal obra, *Nosso Lar*, foi publicada em 1944, em que descreve cidades espirituais próximas à Terra.

AMÉLIA RODRIGUES
Poetisa brasileira, autora de diversos livros psicografados pelo médium Divaldo Pereira Franco. No seu livro *Sol de Esperança* destaca-se a mensagem "Poema de Gratidão", declamado pelo orador espírita em diversas palestras realizadas em todo o mundo.

Os médiuns Yvonne A. Pereira e Chico Xavier

Francisco Cândido Xavier psicografou mais de 400 obras mediúnicas, de centenas de autores espirituais, atingindo os mais diversos assuntos, entre poesias, romances, contos, crônicas, histórias em geral, ciência, religião, filosofia, literatura infantil, etc. Sem dúvida, foi um presente valioso que o Alto ofereceu ao homem.

Obras Suplementares

EMMANUEL – NARRATIVAS HISTÓRICAS
Há Dois Mil Anos 1939
Cinquenta Anos Depois 1940
Paulo e Estêvão 1942
Renúncia 1943
Ave, Cristo 1953

EMMANUEL – MENSAGENS ESPIRITUAIS
Caminho, Verdade e Vida 1949
Pão Nosso 1950
Vinha de Luz 1952
Fonte Viva 1956

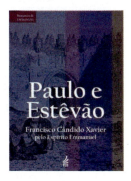 

Autores Diversos

Leituras espíritas de outros autores recomendados:

Alexandre Akskof
Amalia Domingo Soler
Camille Flammarion
Divaldo Pereira Franco
Ernesto Bozzano
Gabriel Delanne
Herculano Pires
Herminio Miranda
Léon Denis
Sir Arthur Conan Doyle
Yvonne A. Pereira

MEMBROS DO CEI

1 – ALEMANHA
União Espírita Alemã
Hackstrasse 11
D-70190 Stuttgart-Ost
Alemanha – Germany
Tel.: 0049.7122.82253
uniao.espirita.alema-d.s.
www.spiritismus-dsv.org

2 – ANGOLA
Sociedade Espírita Allan Kardec de Angola
Rua Amílcar Cabral, 29 - 4.° B
LUANDA – ANGOLA
Tel./Fax: 00 2 442 334 030 (residencial)
seakaangola@gmail.com
www.seaka.org

3 – ARGENTINA
Confederación Espiritista Argentina
Sanchez de Bustamante 463
Buenos Aires
Tel. (54) 11 4 8626314
ceaespiritista@gmail.com
www.ceanet.com.ar

4 – AUSTRÁLIA
Franciscans Spiritist House
1 Lister Ave. – Rodkdale 2216 – Sydney – NSW
Tel:+61295976585
info@joanadecusa.org.au
www.joanadecusa.org.au

5 – ÁUSTRIA
Verein fur Spiritistische Studien Allan Kardec
Spengergasse 10/3, (Eingang - Jahngasse 28)
1050 Wien Österreich
vakardec@gmail.com
www.spiritismus.at

6 – BÉLGICA
Union Spirite Belge
43 Rue Maghin, B-4000 LIEGE
BELGIQUE
Tel.: 00 32 (04) 227-6076
usb@skynet.be
www.spirites.be

7 – BOLÍVIA
Federación Espírita Boliviana (FEBOL)
Calle Libertad 382, Santa Cruz de la Sierra
BOLIVIA
Tel. (591) 776-07854
cardosomarco@scbbs.net
www.febol.org

8 – BRASIL
Federação Espírita Brasileira
Av. L2 Norte – Quadra 603 – Conj.F – Asa Norte 70830-106 – BRASÍLIA - DF - BRASIL
Tel.: 55 (0) 61 2101-6161
febnet@febnet.org.br
www.febnet.org.br

9 – CANADÁ
Canadian Spiritist Council
261 Gerrard St East
Toronto, ON
Tel.: (1) 456 532 7896
smussi@canadianspiritistcouncil.com
www.canadianspiritistcouncil.com

10 – CHILE
Centro de Estudios Espíritas Buena Nueva
Bernardo Ibañez 3347 Metro Quilin / Línea 4 - Macul – SANTIAGO – CHILE
Tel.: (569) 5904-5857
espiritismo@espiritismo.cl
www.espiritismo.cl

11 – COLÔMBIA
Confederación Espírita Colombiana (CONFECOL)
Calle de la Rosa No. 15-35 Barrio Canapote
Cartagena - Colombia
Tel.: (571) 95 6562897
webmaster@confecol.org
www.confecol.org

12 – CUBA
Sociedade Amor y Caridad Universal
Ave 37 N.º 3019 entre 30 y 34 bajos, Playa,
Ciudad Habana – CUBA
Tel.: 209-6833
carmen.agramonte@infomed.sld.cu
www.josedeluz.com

13 – EL SALVADOR
Federación Espírita de El Salvador
39 Calle Poniente No. 579 y 571, Barrio Belén
SAN SALVADOR – EL SALVADOR
Tel.: 00 (503) 7890-3715; 2235-4250
federacion@elsalvadorespirita.org
www.elsalvadorespirita.org

14 – ESPANHA
Federación Espírita Española
C/Picos de las Palomas, 10
29004 Málaga
Tel. (34) 670237008
info@espiritismo.cc
www.espiritismo.cc

15 – ESTADOS UNIDOS
United States Spiritist Federation
161 West 61 street #28B
NY NY 10023
info@spiritist.us
http://spiritist.us

16 – FRANÇA
Conseil Spirite Français
195 chemin de bennevent 69640 DENICÉ – FRANCE
info@conseil-spirite.fr
www.conseil-spirite.org

17 – GUATEMALA
Cadena Heliosophica Guatemalteca
15 Av. 6-71, zona 12
01012 – Guatemala
Tel.: (502) 2471 9935, Cel. (502) 5704 1387
ebravo_1@hotmail.com

18 – HONDURAS
Asociación Civil de Proyección Moral
Zona de Tiloarque, Colonia El Contador,
Calle principal, lote 3 y 4
TEGUCIGALPA, HONDURAS
Tel.: 504-2379312 / 504-33800299
info@hondurasespirita.org
www.hondurasespirita.org

19 – IRLANDA
Spiritist Society of Ireland
15 Synge Street – Dublin
spiritismireland@gmail.com
www.spiritismireland.com

20 – ITÁLIA
Unione Spiritica Italiana
Via dei Pescatori,43
23900 – Lecco – Itália
Tel.: 00 39 (0) 341494127
unionespiriticaitaliana@yahoo.it

21 – JAPÃO
Comunhão Espírita Cristã Francisco Candido Xavier
124- Kintetsu Kashiwagi Haitsu Kita Shinjyuku 1-30-30
Shinjyuku-ku Tokyo-to 169-0074 Japan
(080)4445-7849
info@spiritism.jp
www.spiritism.jp

22 – LUXEMBURGO
Groupe Spirite Allan Kardec de Luxembourg
40, rue des Etats-Unis - L 1477 - Luxembourg
Tel: +352 55 29 46
www.groupespiriteallankardeclux.com

23 – MÉXICO
Central Espírita Mexicana
Torres Adalid 1957 Interior 2 Colonia Narvarte Delegación Benito Juárez C.P. 03020
Tel.: 55 5271-6671
www.espiritismoenmexico.org

24 – MOÇAMBIQUE
União Espírita de Moçambique

25 - NORUEGA
Gruppen for Spiritistiske Studier Allan Kardec
Dronningens gate 23 - Rom 512 0154 Oslo – Noruega
Tel.: +47 97 69 26 07
post@geeaknorge.com
www.geeaknorge.com

26 – NOVA ZELÂNDIA
Allan Kardec Spiritist Group of New Zealand
545, Parnell Estrada Auckland - Nova Zelândia
Tel. 00 64 21 178 75 56
allankardecnz@gmail.com
www.allankardec.org.nz

27 – PAÍSES BAIXOS
Nederlandse Raad voor het Spiritisme
Postadres: Klokketuin 15 1689 KN - HOORN HOLLAND
Tel: +31 645267902
info@nrsp.nl
www.nrsp.nl

28 – PANAMÁ
Fraternidad Espírita Dios, Amor y Caridad
Calle V # 9 – Parque Lefevre
Panamá – República de Panamá
fedac@fedac.org.pa
www.fedac.org.pa

29 – PARAGUAI
Centro de Filosofía Espiritista Paraguayo
Calle Amâncio González, 265
ASUNCIÓN – PARAGUAY
Tel/Fax: 00 595 21 90.0318

30 – PERU
Unión Espírita Peruana
Av. Manuel A. Fuentes 903, San Isidro,
Lima 27 – Peru.
Telefonos.: +51 (1) 440-1919
ce.joanna.de.angelis.lima.peru@gmail.com
www.cejoannadeangelisperu.blogspot.com.br

31 – PORTUGAL
Federação Espírita Portuguesa
Praceta do Casal de Cascais Lote 4 R/C - A
Alto da Damaia 2720 – 090, Amadora
PORTUGAL
Tel.: 00 351 214 975 754
geral@feportuguesa.pt
www.feportuguesa.pt

32 – REINO UNIDO
British Union of Spiritist Societies-BUSS
Room 1, 3rd floor, Oxford House, Derbyshire Street, Bethnal Green, London, E2 6HG
ENGLAND – UK
Tel.: 02034870508
buss.chairperson@gmail.com
www.buss.org.uk

33 – SUÉCIA
Svenska Spiritistiska Förbundet
c/o Eliane Dahre, Norra Kringelvägen 12,
28136 Hässleholm – Sweden
Tel.: 00 46 (451) 12916
spiritismen@hotmail.com
www.facebook.com/Spiritismen

34 – SUÍÇA
Union des Centres d'Études Spirites en Suisse
Postfach 731 CH – 3052 Zollikofen – Suíça
ucess.presidencia@gmail.com
www.ucess.ch

35 – URUGUAI
Federación Espírita Uruguaya
Avenida General Flores 4689 –
Montevideo – Uruguay
Código postal: 12300
feuruguay@gmail.com
www.espiritismouruguay.com

36 – VENEZUELA
Asociación Civil "Socrates"
Carrera 23 entre Calle 8 y Av. Moran
Edificio: Roduar IV apto. 2-3
Barquisimeto – Estado Lara
Tel.: 0251-2527423
centrosocrates@venezuelaespirita.org
www.venezuelaespirita.org

Citações

1. KARDEC, Allan. Resumen histórico del Espiritismo. El Espiritismo en su más simple expresión. 2. ed. Caracas: Mensaje Fraternal, 1991. p. 16-17.
2. DELANNE, Gabriel. O Fenômeno Espírita. 4. ed. Rio de Janeiro: FEB, 1988. p. 22.
3. BÍBLIA SAGRADA, Edição Pastoral. Paulus, 1990. São Paulo. 1 Samuel, cap. 28, v. 5-29. Disponible en <http://ww.paulus.com.br/BP/_INDEX.HTM>. Acceso el 1 de feb. de 2005.
4. DOYLE, Arthur Conan. A História de Swedenborg. A História do Espiritismo. São Paulo: Pensamento, 1978. p. 36-37.
5. DOYLE, Arthur Conan. O profeta da Nova Revelação. A História do Espiritismo. São Paulo: Pensamento, 1978. p. 59-61.
6. _____. p. 33.
7. KARDEC, Allan. Introdução ao estudo da Doutrina Espírita. O Livro dos Espíritos. 75. ed. Rio de Janeiro: FEB, 1994. p. 19-21.
8. FLAMMARION, Camille. Discurso pronunciado junto ao túmulo de Allan Kardec. Obras Póstumas. 32. ed. Rio de Janeiro: FEB, 2002. p. 24.
9. KARDEC, Allan. Preâmbulo. O Evangelho segundo o Espiritismo. 119. ed. Rio de Janeiro: FEB, 2002. p. 23.
10. _____. Máximas extraídas de la enseñanza de los Espírus. El Espiritismo en su más simple expresión. 2. ed. Caracas: Mensaje Fraternal, 1991. p. 37.
11. _____. Los Obreros del Señor. O Evangelho segundo o Espiritismo. 119. ed. Rio de Janeiro: FEB, 2002. Cap XX. Item 5, p. 315.
12. _____. A minha primeira iniciação no Espiritismo. Obras Póstumas. 32. ed. Rio de Janeiro: FEB, 2002. p. 268.
13. _____. p. 268.
14. _____. Preâmbulo. O Que É o Espiritismo. 49. ed. Rio de Janeiro: FEB, 2004. p. 50.
15. _____. p. 50.
16. _____. Ligeira Resposta aos Detratores do Espiritismo. Obras Póstumas. 32. ed. Rio de Janeiro: FEB, 2002. p. 260.
17. _____. Diálogo terceiro. O padre. O Que é o Espiritismo. 49. ed. Rio de Janeiro: FEB, 2004. p. 147.
18. _____. Futuro do Espiritismo. Obras Póstumas. 32. ed. Rio de Janeiro: FEB, 2002. p. 299.
19. _____. Resumen histórico del Espiritismo. El Espiritismo en su más simple expresión. 2. ed. Caracas: Mensaje Fraternal, 1991. p. 16.
20. FRANCO, Divaldo P. Fundamentos del Espiritismo (mensaje personal). Mensaje recibida por <luishu@plenus.net> el 11 de abril de 2005.
21. KARDEC, Allan. Resumen histórico del Espiritismo. El Espiritismo en su más simple expresión. 2. ed. Caracas: Mensaje Fraternal, 1991. p. 23.
22. DENIS, Léon. No Invisível. 21. ed. Rio de Janeiro: FEB, 2004. p. 21-22.
23. KARDEC, Allan. Coletânea de Preces Espíritas. O Evangelho segundo o Espiritismo. 119. ed. Rio de Janeiro: FEB, 2002. Cap XXVIII. Item 8, p. 396.
24. _____. O Cristo Consolador. O Evangelho segundo o Espiritismo. 119. ed. Rio de Janeiro: FEB, 2002. Cap VI. p. 128.
25. _____. p. 129-130.
26. _____. O Livro dos Espíritos. 83. ed. Rio de Janeiro: FEB, 2002. Parte I. Cap I. Preg. 344. p. 51.
27. FLAMMARION, Camille. Deus. Deus na Natureza. 4. ed. Rio de Janeiro, FEB. 1979. p. 385.
28. DENIS, Léon. Ação de Deus no mundo e na história. O Grande Enigma. 6. ed. Rio de Janeiro: FEB, 1983. p. 106.
29. KARDEC, Allan. O Livro dos Espíritos. 83. ed. Rio de Janeiro: FEB, 2002. Parte I. Cap I. p. 54.
30. _____. p. 56.
31. _____. Parte I. Cap III . p. 65.
32. _____. Parte I. Cap III . p. 70.
33. _____. Parte I. Cap IV . p. 78.
34. _____. p. 77.
35. _____. p. 78.
36. _____. p. 79.
37. _____. p. 79.
38. _____. Parte II . Cap I. p. 78.
39. _____. Noções Elementares de Espiritismo. Observações Preliminares. O Que É o Espiritismo. 49. ed. Rio de Janeiro: FEB, 2004. Cap II . p. 151.
40. _____. O Livro dos Espíritos. 83. ed. Rio de Janeiro: FEB, 2002. Parte II . Cap I. p. 87.
41. _____. p. 99.
42. _____. p. 85.
43. _____. p. 109.
44. _____. Cap III . p. 118.
45. _____. Parte II . Cap IV . p. 121.
46. _____. p. 122.
47. _____. p. 126.
48. FORMARSE. Recordando vidas pasadas. Disponible en <http://www.formarse.com.ar/articulos/recordando_vidas_pasadas.htm> Acceso el 1 de feb. de 2005.
49. DA SILVA, Paulo C. O Concílio de Constantinopla e a Reencarnação. Disponible en <http://www.cacp.org.br/reencarnacao-concilio.htm>. Acceso el 1 de feb. de 2005.
50. KARDEC, Allan. Nascer de novo. O Evangelho segundo o Espiritismo. 119. ed. Rio de Janeiro: FEB, 2002. Cap IV. Item 5, p. 85.
51. _____. 86
52. _____. O Livro dos Espíritos. 83. ed. Rio de Janeiro: FEB, 2002. Parte II . Cap IV . p.129.
53. _____. Nascer de novo. O Evangelho segundo o Espiritismo. 119. ed. Rio de Janeiro: FEB, 2002. Cap IV. Item 5, p. 84.
54. _____. O Livro dos Espíritos. 83. ed. Rio de Janeiro: FEB, 2002. Parte II. Cap VII. p. 196.
55. _____. Introdução. p. 25.
56. _____. Parte II. Cap. VII. p. 197-198.
57. _____. p. 198.
58. _____. Cap. VII . p. 149.
59. _____. Cap. VIII . p. 223.
60. _____. p. 224.
61. _____. p. 223-224.
62. _____. p. 224.
63. _____. p. 224-225.
64. _____. Parte III. Cap. I. p. 306.
65. _____. Preâmbulo. O Evangelho segundo o Espiritismo. 119. ed. Rio de Janeiro: FEB, 2002. Cap XXVIII. Ítem 5, p. 385.
66. _____. O Livro dos Espíritos. 83. ed. Rio de Janeiro: FEB, 2002. Parte III . Cap VIII. p. 372.
67. _____. Parte III . Cap. IV . p. 335.
68. _____. Cap. VII . p. 359.
69. _____. Cap. VIII . p. 364.
70. _____. p. 373.
71. _____. Cap. IX. p. 379-380.
72. _____. Cap. X. p. 385.
73. _____. Cap. XI. p. 406.
74. _____. Cap VIII . p. 360.
75. _____. Cap. XI. p. 408.
76. _____. Parte IV . Cap. II . p. 457.
77. _____. Há muitas moradas na casa do meu Pai. O Evangelho segundo o Espiritismo. 119. ed. Rio de Janeiro: FEB, 2002. Cap II . Item 2, p. 71.
78. _____. Os demônios. O Céu e o Inferno. 51. ed. Rio de Janeiro: FEB, 2003. Cap IX. Item 20, p. 131.
79. _____. Não ponhais a candeia debaixo do alqueire. O Evangelho segundo o Espiritismo. 119. ed. Rio de Janeiro: FEB, 2002. Cap. XXIV . Ítem 12, p. 352.
80. _____. Cap XXVI . Ítem 1, p. 363.
81. OLIVEIRA, Sérgio F. Glândula Pineal. Disponible en <http://www.guia.heu.nom.br/glandula_pineal.htm>. Acceso el 1 de feb. de 2005.
82. KARDEC, Allan. Da formação dos médiuns. O Livro dos Médiuns. 71. ed. Rio de Janeiro: FEB, 2003. Parte II . Cap. XVII. Item 200, p. 246.
83. GUIMARÃES, Hernâni A. Antecedentes históricos da fenomenologia. Revista de Espiritismo. N.º 28, 3º. trimestre de 1995.
84. KARDEC, Allan. Dos Médiuns Especiais. O Livro dos Médiuns. 71. ed. Rio de Janeiro: FEB, 2003. Parte II. Cap. XVI . p. 232.
85. GAMA, Ramiro. Lindos casos de Chico Xavier. 13. ed. São Paulo: Lake, 1984. p. 64.
86. _____. No mundo de Chico Xavier. Cap.5. p. 69.
87. KARDEC, Allan. Dos Médiuns Especiais. O Livro dos Médiuns. 71. ed. Rio de Janeiro: FEB, 2003. Parte. Parte II. Cap. XVI . p. 234.
88. CONSEJO ESPÍRITA INTERNACIONAL – CEI. Psicografía Especular en París. La Revista Espírita : Edición en Español. Brasilia: CEI – USFF, 2004. N.º 5. p. 5.
89. KARDEC, Allan. Da proibição de evocar os mortos. O Céu e o Inferno. 51. ed. Rio de Janeiro: FEB, 2003. Parte I. Cap. XI. p. 155-165.
90. _____. Dissertações Espíritas. O Livro dos Médiuns. 71. ed. Rio de Janeiro: FEB, 2003. Parte II. Cap. XXXI. Item 10. p. 460-461.
91. _____. O Livro dos Espíritos. 83. ed. Rio de Janeiro: FEB, 2002. Parte II . Cap IX. p. 250.
92. _____. p. 255.
93. _____. p. 255.
94. CONSCIÊNCIA ESPÍRITA. Algumas evidências científicas sobre a eficácia do passe. Disponível em <http://www.consciesp.org.br/?pg=passe>. Acceso el 1 de feb. de 2005.
95. Curso Básico de Espiritismo. O Passe Espírita. Grupo Espírita Bezerra de Menezes. Disponível em <http://www.novavoz.org.br/epi-007.htm>. Acesso em 1º de feb. de 2005.
96. KARDEC, Allan. O Livro dos Espíritos. 83. ed. Rio de Janeiro: FEB, 2002. Parte II. Cap IX. p. 279.
97. Curso Básico de Espiritismo. O Passe Espírita. Grupo Espírita Bezerra de Menezes. Disponível em <http://www.novavoz.org.br/epi-007.htm>. Acceso el 1 de feb. de 2005.
98. CONSCIÊNCIA ESPÍRITA. Algumas evidências científicas sobre a eficácia do passe. Disponível em <http://www.consciesp.org.br/?pg=passe> Acceso el 1.º de feb. de 2005.
99. _____. Acceso el 10 de feb. de 2005.
100. PORRAS, Isabel G. ¿Qué es el Pase? II Parte. Disponível em <http://www.espiritismo.cc/modules.php?name=News&file=article&sid=131> Acesso em 1 de feb. de 2005.
101. KARDEC, Allan. Do Laboratório do Mundo Invisível. O Livro dos Médiuns. 71. ed. Rio de Janeiro: FEB, 2003. Parte II . Cap. VIII . Item 131, p. 172.
102. FRANCO, Divaldo P. La Revista Espírita: Edición en Español. No. 4. Brasilia: CEI – USFF, 2004. p. 25.
103. _____. p. 25.
104. KARDEC, Allan. Os Trabalhadores da Última Hora. O Evangelho segundo o Espiritismo – Cap XX. Item 5, p. 315.
105. _____. O Livro dos Espíritos. 83. ed. Rio de Janeiro: FEB, 2002. Parte III . Cap XII. p. 425.
106. CONSEJO ESPÍRITA INTERNACIONAL – CEI. Estudio Sistematizado de la Doctrina Espírita - ESDE. Disponible en <http://ww.spiritist.org > Acceso el 1.º de feb. de 2005.
107. KARDEC, Allan. Das Reuniões e das Sociedades Espíritas. O Livro dos Médiuns. 71. ed. Rio de Janeiro: FEB, 2003. Parte II. Cap. XXIX. Ítem 334, p. 430.
108. _____. Os trabalhadores da Última Hora. O Evangelho Segundo o Espiritismo. 119. ed. Rio de Janeiro: FEB, 2002. Cap. XX. Ítem 4, p. 314.
109. SIMÕ ES. Vanda. A Reunião pública. Grupo Espírita Bezerra de Menezes. Disponible en <http://www.espirito.org.br/portal/palestras/gebm/a-reuniao-publica.html> Acceso el 1.º de feb. de 2005.
110. KARDEC, Allan. O Livro dos Médiuns. 71. ed. Rio de Janeiro: FEB, 2003. Parte II. Cap. XXXI. Ítem 12, p. 470.
111. _____. Do Método. Parte I. Cap. III. Item 30, p. 47.
112. _____. Prolegômenos. O Livro dos Espíritos. 83. ed. Rio de Janeiro: FEB, 2002. p. 48.
113. _____. Obras Póstumas. 32. ed. Rio de Janeiro: FEB, 2002. p. 364.

Referências

CENTRO ESPÍRITA CAMINHO DE DAMASCO.
Iniciação ao Conhecimento da Doutrina Espírita. 21. ed. Capivari: EME, 2004.

CONSEJO ESPÍRITA INTERNACIONAL – CEI.
Directrices de Apoyo para las Actividades de los Grupos, Centros y Sociedades Espíritas. 1. ed. Brasília: CEI, 1998.

_____. Preparación de Trabajadores para las Actividades Espíritas. 1. ed. Brasilia: CEI, 1998.

DENIS, Léon. No Invisível. 21. ed. Rio de Janeiro: FEB, 2004.

_____. O Grande Enigma. 6. ed. Rio de Janeiro: FEB, 1983.

DOYLE, Arthur Conan. A História do Espiritismo. São Paulo: Pensamento, 1978.

FLAMMARION, Camille. Deus. Deus na Natureza. 4. ed. Rio de Janeiro, FEB. 1979.

FEDERAÇÃO ESPÍRITA BRASILEIRA – FEB.
Estudio Sistematizado de la Doctrina Espírita – ESDE: Manual de Orientación y Programas I, II y III . 1. ed. Rio de Janeiro: FEB, 1983.

FRANCO, Divaldo P. Convites da Vida. Por el Espíritu Joanna de Ângelis. 3. ed. Salvador: LEAL, 1972.

_____. Sol de Esperança. Diversos autores. 2. ed. Salvador: LEAL, 1983.

GAMA, Ramiro. Lindos casos de Chico Xavier. 13. ed. São Paulo: Lake, 1984.

_____. No mundo de Chico Xavier. Cap. 5. KARDEC, Allan. O Livro dos Espíritos. 83. ed. Rio de Janeiro: FEB, 2002.

_____. O Livro dos Médiuns. 71. ed. Rio de Janeiro: FEB, 2003.

_____. O Evangelho segundo o Espiritismo. 119. ed. Rio de Janeiro: FEB, 2002.

_____. O Céu e o Inferno. 51. ed. Rio de Janeiro: FEB, 2003.

_____. A Gênesis. 43. ed. Rio de Janeiro: FEB, 2003.

_____. El Espiritismo en su más simple expresión. 2. ed.: Mensaje Fraternal, 1991.

_____. Obras Póstumas. 32. ed. Rio de Janeiro: FEB, 2002.

_____. O Que é o Espiritismo. 49. ed. Rio de Janeiro: FEB, 2004.

_____. Revista Espírita: Jornal de Estudos Psicológicos, ano II . v. 1858. 1. ed. Rio de Janeiro: FEB, 2004.

MENSAJE FRATERNAL. Anuário Espírita 2002. 1. ed. Araras: IDE, 2002.

NUNES, Clóvis. Transcomunicação. Brasília: EDICEL, 1998.

RUSSEL, B. Adams, Jr. Mistérios do Desconhecido: Evocação dos Espíritos. 1. ed. São Paulo: Abril, 1997.

SCHUBERT, Suely Caldas. Entrevistando Allan Kardec. 1. ed. Rio de Janeiro: FEB, 2004.

SCHULTE, Etel. Espiritismo, Sendero de luz. 1. ed. Buenos Aires: Libris, 2003.

WANTUIL, Zeus; THIESEN, Francisco. Allan Kardec. 3 vols. 2. ed. Rio de Janeiro: FEB, 1984.

XAVIER, Francisco Cândido. Nosso Lar. Por el Espíritu André Luiz. 1. ed. especial. Rio de Janeiro: FEB, 2003.

_____. Missionários da Luz. Por el Espíritu André Luiz. 34. ed. especial. Rio de Janeiro: FEB, 2004.

_____. Roteiro. Por el Espíritu Emmanuel. 11. ed. Rio de Janeiro: FEB, 2004.

_____. A Caminho da Luz. Por el Espíritu Emmanuel. 19. ed. especial. Rio de Janeiro: FEB, 2003.

_____. Camino Espírita. Autores Diversos. 2. ed. Caracas: Mensaje Fraternal, 1986.

Páginas Eletrônicas

ARAUJO, Vivaldo J. O Concílio de Constantinopla 553 d.c. Disponible en <http://www.espirito.org.br/portal/artigos/diversos/religiao/o-concilio.html> Acceso el 2 de feb. de 2005.

BÍBLIA SAGRADA, Edição Pastoral. Paulus, 1990. São Paulo. 1 Samuel, cap. 28, v. 5-29. Disponible en <http://www.paulus.com.br/BP/_INDEX.HTM> Acceso el 1.º de feb. de 2005.

Biografias. Terra Espiritual. Disponible en <http://www.terraespiritual.locaweb.com.br/espiritismo/biografias.html> Acceso el 1.º de feb. de 2005.

CONSCIÊNCIA ESPÍRITA. Algumas evidências científicas sobre a eficácia do passe. Disponible en <http://www.consciesp.org.br/?pg=passe> Acceso el 1.º de feb. de 2005.

Curso Básico de Espiritismo. O Passe Espírita. Grupo Espírita Bezerra de Menezes. Disponible en <http://www.novavoz.org.br/epi-000.htm> Acceso el 1.º de feb. de 2005.

DA SILVA, Paulo C. O Concílio de Constantinopla e a Reencarnação. Disponible en <http://www.cacp.org.br/reencarnacao-concilio.htm> Acceso el 1.º de feb. de 2005.

FORMARSE. Recordando vidas pasadas. Disponível em <http://www.formarse.com.ar/articulos/recordando_vidas_pasadas.htm> Acceso el 1.º de feb. de 2005.

Glândula Pineal. Disponible en <http://www.guia.heu.nom.br/glandula_pineal.htm>. Acceso el 1.º de feb. de 2005.

La Biblia Sagrada, Evangelio según san Mateo. Disponível em <http://www.ciudadseva.com/textos/otros/sermon.htm> Acceso el 1.º de feb. de 2005.

PORRAS, Isabel G. ¿Qué es el Pase? II Parte. Disponível em <http://www.espiritismo.cc/modules.php?name=News&file=article&sid=131> Acceso el 1.º de feb. de 2005.

OLIVEIRA, Sergio F. Pineal – A união do corpo e da alma. Instituto de Pesquisas Projeciológicas e Bioenergéticas – IPPB. Disponível em <http://www.ippb.org.br/modules.php?op=modload&name=News&file=article&sid=1900>. Acceso en 20 de feb. de 2005.

SIMÕES. Vanda. A Reunião pública. Grupo Espírita Bezerra de Menezes. Disponível em <http://www.espirito.org.br/portal/palestras/gebm/a-reuniao-publica.html> Acceso el 1.º de feb. de 2005.

Revistas, Boletins e Folhetos

CONSEJO ESPÍRITA INTERNACIONAL – CEI.
La Revista Espírita : Edición en Español. Números 1, 2, 3, 4, 5 y 6. Brasília: CEI – US FF, 2004-2005.

_____. Conozca el Espiritismo, una nueva era para la humanidad : Folletos de la Campaña de divulgación del Espiritismo. Brasilia: CEI, 1998.

_____. Divulgue el Espiritismo, una nueva era para la humanidad : Folletos de la Campaña de divulgación del Espiritismo. Brasilia: CEI, 1998.

HU, Luis. Entrevista Andespírita. Andespírita: Boletín de información espírita peruano boliviano. Arequipa: CEAK, año 2, n. 5, enero de 1997.

_____. ¿Qué es ser espírita?. Andespírita: Boletín de información espírita peruano boliviano. Arequipa: CEAK, año 1, n. 1, enero de 1996.

MÁS ALLÁ, Revista. Diversos números. Madrid: MC Ediciones.

VISÃO ESPÍRITA, Revista. Diversos números. Salvador: SEDA.

Créditos das Ilustrações

Embaixo estão indicadas as fontes das ilustrações deste livro.

Adobe Page Maker
31, 44, 52, 56, 111

Consejo Espírita Internacional (CEI)
12, 16, 17, 20, 21, 38, 41, 57, 64

Divulgação
6, 11, 12, 15, 16, 17, 20, 21, 27, 28, 30, 33, 39, 43, 47, 52, 53, 54, 55, 57, 58, 59, 66, 67, 68, 69, 72, 73, 80, 81, 82, 87, 92, 93, 96, 97, 98, 99, 100, 101, 108, 109, 111, 113, 114, 115, 135, 144, 145, 146, 147, 148, 149

Florêncio Anton
98, 137, 138, 148

Fotolia
46, 64, 70, 108

Key Photo Clips
43, 75, 109

Luis Hu Rivas
22, 26, 29, 38, 42, 55, 65, 68, 78, 82, 86, 87, 101, 107, 113, 123, 127, 132, 134, 139, 143, 146

Multimídia Kit - Vol 1.
31, 41, 45, 56, 107, 113, 114, 122, 136

La Revista Espírita
11, 12, 15, 16, 17, 18, 19, 20, 21, 22, 23, 24, 26, 29, 30, 31, 84, 94, 97, 98, 99, 110, 111, 112, 115, 121, 131, 140, 146, 149

Shutterstock
5, 7, 10, 11, 24, 31, 32, 36, 38, 39, 40, 41, 45, 46, 47, 50, 53, 54, 59, 62, 64, 65, 68, 69, 71, 73, 76, 78, 79, 80, 81, 82, 83, 84, 85, 86, 87, 90, 93, 95, 100, 104, 105,106, 107, 110, 112, 113, 118, 120, 124, 128, 130, 13, 135, 136,140, 141, 143, 146, 147

Solução das Atividades

Capítulo 1

1. a) fenômenos mediúnicos.
b) mesas falantes ou mesas girantes.
c) 1854.
d) primeiros centros espíritas.
e) a primeira Sociedade Espírita *Société Parisienne des Études Spirites*.
2. b, d, a, c, e.
3. a) Codificar o Espiritismo.
b) O surgimento do Espiritismo.
c) O Fenômeno de Hydesville.
d) *O Livro dos Espíritos*.
e) Florence Cook.
4. a) V b) V c) F d) F e) V

Capítulo 2

1. a) na residência da família Baudin.
b) O Espiritismo.
c) ciência de observação – doutrina filosófica.
d) Cristo - Moisés.
e) o Evangelho de Jesus.
2. b, e, d, a, c.
3. a) Pentateuco kardequiano.
b) Consiste nas relações que se estabelecem entre nós e os Espíritos.
c) Compreende todas as consequências morais que dimanam dessas mesmas.
d) Como religião natural, a que parte do coração e vai diretamente a Deus.
e) Porque contém todas as condições que Jesus prometeu.
4. a) V b) V c) F d) V e) V

Capítulo 3

1. a) conforme o progresso.
b) não há efeito sem causa.
c) espírito – matéria.
d) inteligentes da criação.
e) incorpóreos.
2. d, e, b, c, a.
3. a) Deus é a inteligência suprema, causa primária de todas as coisas.
b) Uma insensatez, pois que o acaso é cego e não pode produzir os efeitos que a inteligência produz.

c) Na consciência.
d) Sua união com o princípio vital.
e) Eterno, Imutável, Imaterial, Único, Onipotente e Soberanamente justo e bom.
4. a) F b) F c) F d) F e) V

Capítulo 4

1. a) povoam o Universo.
b) Espírito puro.
c) simples – ignorantes.
d) expansibilidade – absorção.
e) seu perispírito.
2. d, c, a, e, b.
3. a) Sim, conforme a afeição que lhes consagravam.
b) Depende da elevação de cada um.
c) Nada, a não ser a lembrança e o desejo de ir para um mundo melhor.
d) Do fluido universal.
e) Nas comunicações mediúnicas.
4. a) V b)V c) F d) V e) F

Capítulo 5

1. a) a ressurreição.
b) reencarnação.
c) diferentes mundos.
d) individuais – coletivas.
e) profissionais da matéria.
2. c, a, e, b, d.
3. a) Na justiça de Deus e na revelação espiritual.
b) Reparação, Aprendizagem e Elevação.
c) Tantas vezes quantas sejam necessárias.
d) Espírito puro.
e) São aqueles que estão esperando uma nova existência para melhorar-se.
4. a) F b) V c) V d) V e) V

Capítulo 6

1. a) o mundo dos Espíritos.
b) bons Espíritos.
c) a lei de Deus – dela o separa.
d) destruindo o materialismo.
e) o pensamento é tudo.
2. e, c, a, b, d.
3. a) Certo e muitos que julgam não se conhecerem costumam reunir-se e falar-se.
b) O das forças.

c) Jesus.
d) Expiação e provas.
e) O direito à vida.
4. a) V b) V c) V d) F e) F

Capítulo 7

1. a) pensamentos – atos.
b) fazem mal.
c) os bons Espíritos.
d) faculdade.
e) a obsessão.
2. c, a, e, b, d.
3. a) À aqueles cuja faculdade está claramente caracterizada.
b) Pelo mau uso.
c) Protetores, familiares e simpáticos.
d) Disciplina, disciplina, disciplina.
e) Mecânicos, semimecânicos e intuitivos.
4. a) F b) V c) F d) V e) V

Capítulo 8

1. a) obsessões.
b) amor – solidariedade.
c) seus seguidores.
d) Magnético, Espiritual e Magnético Espiritual.
e) ajuda espiritual.
2. d, a, b, e, c.
3. a) Obsessão Simples, Fascinação e Subjugação.
b) De ordem psíquica e espiritual.
c) O passista é aquele que ministra o passe.
d) Praticando o bem e pondo em Deus toda a vossa confiança.
e) As causas morais, relativas ao passado, as contaminações espirituais e as causas anímicas ou auto-obsessão.
4. a) V b) V c) V d) V e) F

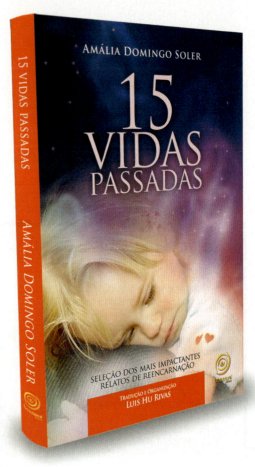

SELEÇÃO DOS MAIS IMPACTANTES RELATOS DE REENCARNAÇÃO

AMÁLIA DOMINGO SOLER
Tradução e Organização: Luis Hu Rivas

16x23 cm | 192 páginas | Mensagens Espíritas

Será possível encontrarmos a causa dos sofrimentos atuais em outras vidas?

Poderia a reencarnação explicar por que nascem pessoas cegas, aleijadas, órfãs e abandonadas?

Qual seria a justificativa para a exploração cruel de alguns seres? Qual o motivo de haver crianças assassinas ou famílias infelizes?

A obra descreve quinze impactantes casos de reencarnação, selecionados a partir da psicografia de Amália Domingo Soler, a mais conhecida médium espanhola de todos os tempos. Revela ainda a necessidade de conhecermos as Leis Divinas, que agem em nosso presente, e de compreendermos melhor nosso passado, para, assim, podermos mudar o futuro.

MAIS INFORMAÇÕES FALE COM OS NOSSOS CONSULTORES

Catanduva-SP | 17 3531.4444 | boanova@boanova.net | São Paulo-SP | 11 3104.1270 | boanovasp@boanova.net
Sertãozinho-SP | 16 3946.2450 | novavisao@boanova.net | www.boanova.net

LUIS HU RIVAS | ALA MITCHELL
MAURICIO DE SOUSA

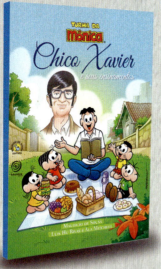

CHICO XAVIER E SEUS ENSINAMENTOS

INFANTOJUVENIL
20X26 CM
64 PÁGINAS

MAGALI EM OUTRAS VIDAS

INFANTOJUVENIL
20X26 CM
64 PÁGINAS

NESTE LIVRO, A TURMA DA MÔNICA CONHECE OS EXEMPLOS ILUMINADOS DE UM DOS MAIORES BRASILEIROS DE TODOS OS TEMPOS, APRESENTADOS POR ANDRÉ, PRIMO DE CASCÃO. CHICO XAVIER E SEUS ENSINAMENTOS MOSTRA COMO, EM PEQUENAS SITUAÇÕES DO DIA A DIA, CHICO CONSEGUIA OFERECER GRANDES LIÇÕES DE AMOR AO PRÓXIMO, AGORA CONTADAS EM HISTÓRIAS COM OS PERSONAGENS MAIS QUERIDOS DO BRASIL.

SERÁ POSSÍVEL QUE NÓS TENHAMOS VIVIDO EM OUTRAS ÉPOCAS? NOSSOS GOSTOS E MEDOS TERIAM ORIGEM EM "OUTRAS VIDAS"? E OS NOSSOS AMORES... PODERIAM TER COMEÇADO NO PASSADO? IMAGINE COMO SERIA LEGAL DESCOBRIR TODOS ESSES MISTÉRIOS E SABER QUE TUDO NO UNIVERSO TEM UM INÍCIO, UMA CAUSA. MAGALI EM OUTRAS VIDAS TRAZ UMA NARRATIVA ROMÂNTICA E MUITO ENGRAÇADA. UMA VIAGEM PELO TEMPO, QUE MOSTRA QUE O AMOR É A MAIOR FORÇA DO UNIVERSO.

MEU PEQUENO EVANGELHO

INFANTOJUVENIL
20X26 CM
64 PÁGINAS

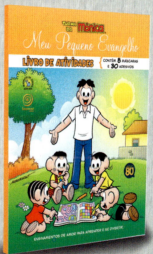

MEU PEQUENO EVANGELHO - LIVRO DE ATIVIDADES

INFANTOJUVENIL
20X26 CM
64 PÁGINAS

NESTE LIVRO, A TURMA DA MÔNICA RECEBE A VISITA DE ANDRÉ, UM PRIMO DO CASCÃO QUE VAI APRESENTAR PARA AS CRIANÇAS CONCEITOS DO EVANGELHO QUE TODOS PODEMOS USAR NO DIA A DIA, INDEPENDENTEMENTE DA RELIGIÃO QUE PRATICAM. MEU PEQUENO EVANGELHO TRAZ LINDAS MENSAGENS DE AMOR, CARIDADE E HUMILDADE, CONTADAS DE FORMA DIVERTIDA COM OS PERSONAGENS MAIS QUERIDOS DO BRASIL.

ESTE LIVRO TRAZ LINDAS MENSAGENS DE AMOR COM OS PERSONAGENS MAIS QUERIDOS DO BRASIL. DIVIRTA-SE COM A TURMINHA FAZENDO ATIVIDADES INCRÍVEIS E COLANDO LINDOS ADESIVOS.   CONTÉM 8 MÁSCARAS E 30 ADESIVOS.

Catanduva-SP | (17) 3531-4444 | boanova@boanova.net | São Paulo-SP | (11) 3104-1270 | boanovasp@boanova.net
Sertãozinho-SP | (16) 3946-2450 | novavisao@boanova.net | www.boanova.net

Arte paranormal
PINTURA MEDIÚNICA

Luis Hu Rivas | Arte
21,5x28 cm | 64 páginas

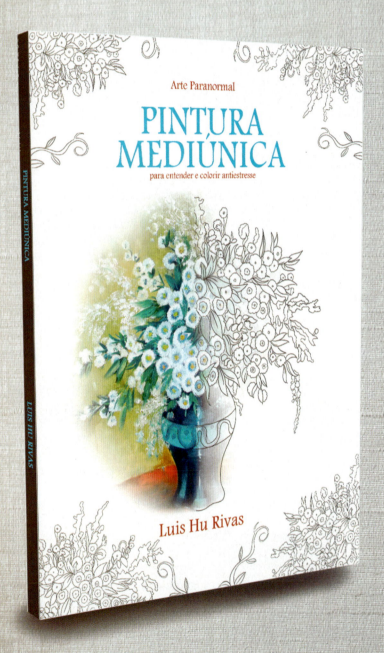

Livro antiestresse para conhecer a pintura mediúnica e colorir. Existe arte paranormal? Como essa arte acontece? Quem são os pintores? O que é pintura mediúnica? Qual é seu objetivo? Os desenhos para colorir foram baseados em pinturas mediúnicas de Florêncio Anton.

Boa Nova Catanduva-SP | 17 3531.4444 | boanova@boanova.net
Boa Nova São Paulo-SP | 11 3 3104.1270 | boanovasp@boanova.net
Boa Nova Sertãozinho-SP | 16 3946.2450 | novavisao@boanova.net
www.boanova.net | www.facebook.com/boanovaed

SCOOBY-DOO!™
VIAGEM MISTERIOSA

Infantojuvenil | 20,5x26 cm
64 páginas

Luis Hu Rivas
Adaptado da obra de Gail Herman

Apertem os cintos!
Você está prestes a entrar em uma viagem cheia de surpresas.
Scooby-Doo e sua turma pegam a estrada, mas uma tempestade obriga os detetives da Máquina do Mistério a passar a noite na antiga casa das Irmãs de Hydesville.
Será que estão em um lugar assombrado, onde ocorrem estranhos fenômenos?
Só Scooby-Doo e sua turma podem resolver este mistério.

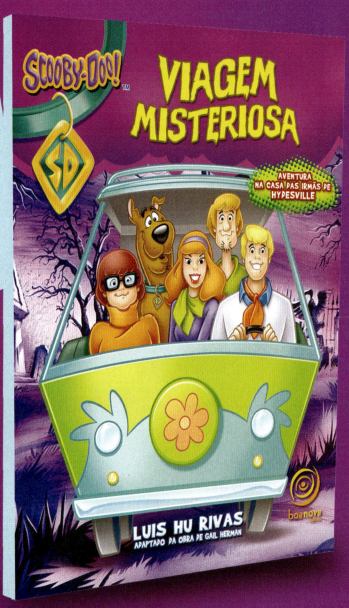

boanova editora

Catanduva-SP | (17) 3531-4444 | boanova@boanova.net
São Paulo-SP | (11) 3104-1270 | boanovasp@boanova.net
Sertãozinho-SP | (16) 3946-2450 | novavisao@boanova.net
www.boanova.net

No Mundo dos Sonhos

As 10 leis da natureza com muito cheiro!

Neste livro, Moranguinho e sua turma realizam uma viagem incrível a um mundo mágico, cheio de surpresas e ensinamentos de amizade, amor aos animais e a Natureza.

Além de emocionar-se com a aventura, as crianças vão fazer vinte atividades divertidas e aprender as dez leis da natureza, como igualdade, liberdade, conservação e justiça!

Moranguinho no Mundo dos Sonhos traz esse mundo até você.

boanova
editora

TM & © 2015 Shortcake IP Holdings LLC

17 3531.4444 Catanduva-SP | 11 3104.1270 São Paulo-SP | 16 3946.2450 Sertãozinho-SP

Conheça o site da Boa Nova editora e distribuidora de livros
acesse: www.boanova.net

Luis Hu Rivas

QUIZ ESPÍRITA
Perguntas e respostas
21x28 cm
44 páginas

CRIANÇAS MÉDIUNS
Infantojuvenil
20,5x24 cm
32 páginas

O primeiro Quiz destinado ao Espiritismo, com mais de 300 perguntas sobre: Livros, Filmes, Personagens, Espíritos, Conceitos, História, Lugares e muito mais...O Quiz Espírita pode ser usado de forma individual, em grupos de estudo ou para desafiar seus amigos! Com 36 desafios, totalmente ilustrado e colorido, o Quiz Espírita é uma excelente ferramenta para aprender o Espiritismo, de forma divertida.

Noite após noite, o Espírito Charles produzia pancadas tentando se comunicar. Até que um dia, umas meninas espertas, as irmãs Fox, conseguiram conversar com Charles. Assim surge a notícia, em todo o mundo, das famosas meninas médiuns. O que ninguém poderia imaginar é que esses "fenômenos" dariam origem ao início do estudo de Allan Kardec, na elaboração de uma nova ciência: o Espiritismo.

SÉRIE ESPIRITISMO FÁCIL
Espiritismo Fácil
Reencarnação Fácil
Evangelho Fácil

Abc do Espiritismo
21x28 cm
44 páginas cada

Catanduva-SP 17 3531.4444 | São Paulo-SP 11 3104.1270 | Sertãozinho-SP 16 3946.2450 | www.boanova.net

Luis Hu Rivas

Nasceu em 1975, em Arequipa, no Peru.
Hoje, reside no Brasil, é *designer gráfico*
e dedica-se há muitos anos ao estudo e divulgação
do Espiritismo.

Idealizou e coordenou a TVCEI, a TV espírita, e
escreveu vários livros didáticos e infantis,
como *Meu Pequeno Evangelho*, a coleção
Espiritismo Fácil, *Moranguinho no mundo dos sonhos*, *Scooby-Doo Viagem Misteriosa*, *Minha amiga
Joanna de Ângelis*, *Violetinhas na janela* entre outros.

Mais informações sobre o autor:
www.luishu.com